Pour l'efflorescence nationale

Essai sur l'insertion sociale
des jeunes camerounais pour le développement

Emergences Africaines

Dirigée par Magloire KEDE ONANA

La collection « ÉMERGENCES AFRICAINES » se propose de renverser des certitudes faciles. Nous sommes convaincus que l'Afrique, longtemps considérée comme en retrait, s'ouvre au monde, et est plus que jamais au cœur des enjeux. Son Histoire ne doit plus s'écrire ailleurs, par des continents eux-mêmes en crise de modèles à proposer/imposer.

Une nouvelle génération très entreprenante d'Africains et d'Africanistes existe aujourd'hui, qui problématise et réécrit l'Histoire du continent dans toutes ses facettes, et par une approche multidisciplinaire. Il s'agit de dévoiler une Afrique des « Bonnes Nouvelles » : celle qui, parce que plus ouverte au monde, présente tous ses atouts d'émergence.

Dernière arrivée dans la compétition mondiale, l'Afrique est capable d'apporter un élan différent à la mondialisation grâce à son devenir, qui est subordonné à son être.

Déjà parus

Joseph Désiré OKALA EDOA, *Plan de financement de l'économie camerounaise, Ambition ou révolution,* 2018.
Léopold EBODE AWONA, *La vraie nature de la raison*, 2018.
Etienne YAO BROU, *La pauvreté, un instrument de pouvoir pour les dirigeants politiques africains,* 2018.
Souley MANE, *Mosquées et société au Cameroun*, 2018.
Sariette BATIBONAK. *Le discours anti-sorcellerie dans les pentecôtismes camerounais,* 2017.
Christophe SIGNIÉ, *La renaissance de la Chefferie Milombè du Nord Makombé dans le littoral camerounais (XIXe s.-2015), Une contribution historique à la connaissance des peuples du Cameroun,* 2017.
Raymond MBEDE, *Trajectoires des femmes au Cameroun*, 2017.
Souley MANE (dir.), *L'islam en pays bamum. De Ibrahim Njoya à Ibrahim Mbombo Njoya (1895-2016)*, 2017.

Michel Carrel MANG

Pour l'efflorescence nationale

Essai sur l'insertion sociale des jeunes camerounais pour le développement

Préface du Pr Mathias Eric OWONA NGUINI

L'Harmattan

5-7, rue de l'Ecole-Polytechnique, 75005 Paris

www.editions-harmattan.fr

ISBN : 978-2-343-15462-6
EAN : 9782343154626

Je dédie cet ouvrage, profonde émanation de mon souci de voir progresser mon pays, à une jeunesse ambitieuse aspirant à faire partie de l'élite sociale camerounaise. Une jeunesse en manque de repères qui se veut vectrice de développement et de progrès pour l'épanouissement de la nation !

Préface
De la mobilisation et de la valorisation des jeunes à travers l'efflorescence nationale comme horizon de développement

Michel Carrel MANG propose ici un essai intitulé, « Pour l'Efflorescence nationale : essai sur l'insertion sociale des jeunes pour le développement ». Il est question pour l'auteur de poser sur le plan de l'idéologie générale, les bases d'une pensée politique et économique attentive à la question du développement, à sa signification et à sa matérialisation.

Comme l'indique le titre de l'ouvrage, l'auteur examine la manière dont le développement national du Cameroun, en tant que communauté politique et sociale, ne peut être envisagé sans exiger la responsabilisation active de la jeunesse pour faire face à ce défi.

Carrel MANG entend explorer les voies qui pourraient conduire le Cameroun vers l'émergence et le préparer à parcourir le chemin de progrès le menant vers le statut inséparablement politique et économique de nation développée. L'auteur entend tirer parti de la lecture livrée par l'éminent philosophe Ebénézer NJOH MOUELLE sur la problématique du développement envisagée de telle manière que l'économique recouvre le culturel et l'éducationnel.

Dans cette optique, l'auteur se montre attentif à l'importance pour la nation camerounaise de modeler un idéal de développement principalement attaché à mobiliser et à valoriser les potentialités propres et internes.

Michel Carrel MANG mise sur la jeunesse comme atout décisif dans la construction et la réalisation d'un idéal de développement permettant à la nation camerounaise de s'inscrire résolument dans la voie de l'épanouissement et de l'accomplissement par le progrès. Ainsi, la jeunesse doit être au cœur de la dynamique du développement envisagé ; laquelle dynamique ne peut négliger l'importance cruciale pour sa pleine réalisation, d'une insertion sociale appropriée des jeunes. Le jeune penseur du cheminement du Cameroun vers le développement à travers la dynamique d'efflorescence et d'émergence, envisage celui-ci comme une révolution simultanément morale et matérielle, spirituelle et fonctionnelle.

Michel Carrel MANG modèle son engagement en faveur du développement autour d'une idéologie également attentive aux exigences morales et spirituelles autant qu'aux exigences matérielles et fonctionnelles. Il s'agit alors de promouvoir aussi bien l'importance de l'initiative individuelle et de l'esprit d'entreprise que celle de l'intérêt général et du développement communautaire.

Ainsi, en 10 chapitres, Michel Carrel MANG élabore les repères d'une idéologie constructive de la contribution et de la mobilisation des jeunes à la production et à l'organisation d'un développement sachant allier créativité et dynamisme individuel avec insertion sociale, solidarité et communautarisme, pour atteindre l'horizon souhaité de l'Efflorescence nationale.

Pr Mathias Eric OWONA NGUINI
(Socio-Politiste)

Introduction

Le 1er janvier 2010, le Cameroun, pays d'Afrique centrale, abritant en son sein environ 21 461 000 habitants[1] (2014), a célébré le cinquantenaire de son indépendance. Cinquante années d'autonomie, cinquante années de liberté, c'est long, suffisamment long pour pouvoir porter un jugement clair sur la gestion des ressources. Qui d'autres que les Camerounais eux-mêmes sont les plus indiqués pour commenter sur la situation du pays.

Avec un taux de croissance de 3,3% en 2010 ; 4,1% en 2011 ; 4,6% en 2012 ; 5,6% en 2013 ; 5,9% en 2014 ; une estimation de 6,4% en 2015 et des projections au 31 août 2015 de l'ordre de 6,1% pour 2016[2] ; un taux de chômage des jeunes estimé à 15%[3] (2014) ; une paix sociale et une situation politique stable, le Cameroun a toutes les caractéristiques d'un pays allant doucement, mais sûrement vers l'émergence, entendue ici comme étant la sortie de la pauvreté caractérisée par le chômage, la faim et la faiblesse infrastructurelle. Cette émergence ne pouvant se faire d'un claquement de doigts, les Camerounais en général et la jeunesse camerounaise en particulier, devraient ressentir progressivement la venue de cette émergence ; ce qui n'est pas le cas au vu des plaintes de la jeunesse vis-à-vis de sa situation.

---

[1] Source : INS, Zoom sur l'économie Camerounaise. P.7

[2] Source: INS, MINEPAT : Zoom sur l'économie camerounaise. P.2

[3] Biz.mboa.info/infos-en-chiffres/fr/infos/actualite/3159.les-chiffres-du-chomage-des-jeunes-selon-loit.html

Les jeunes ne croient plus en leur nation, il ne leur est plus permis de rêver, dans notre société la pensée commune définie l'homme honnête comme l'exception. La prolifération des sectes de toutes sortes et des croyances ésotériques, contribuent de plus en plus à écarter la société et de ce fait les jeunes de ce qui est vraiment important de penser pour l'avenir et le progrès. L'irrationalité, la superstition, l'ignorance et la corruption s'étant érigées en premier plan.

Au vu de tout ceci, nous estimons être en mesure de nous donner la liberté de dire que les manquements du Cameroun, dans son processus d'émergence nationale, ne se trouvent pas tant dans les schémas d'organisations gouvernementaux que dans la manière de penser des Camerounais. Le moment nous semble alors propice, de penser à l'élaboration d'un ensemble de principes, règles et objectifs qui orienteraient les décisions des Camerounais dans l'optique d'un développement national efficace. Voici donc une opportunité de relancer les débats idéologiques et doctrinaux.

Dans les sociétés contemporaines, la notion de développement est presque toujours associée aux progrès techniques, à la qualité des infrastructures, à la modernité des routes, aux campagnes développées, etc. Si l'on pose la question à quelques Camerounais de savoir si leur pays est développé, les réponses convergeront presque toutes vers le négatif, bien que ce ne soit pas toujours pour les mêmes raisons. Il est important de définir, pour tous les jeunes Camerounais, les critères d'une nation développée afin que les efforts aillent dans ce sens. Quelle est la vraie signification du développement ? Quand est-ce qu'on peut estimer qu'une nation est développée ?

Dans son « essai sur la signification humaine du développement », le philosophe Camerounais Ebénézer NJOH MOUELLE, à travers une analyse succincte et profonde sur la question du développement, propose une définition qui nous satisfait pleinement, il déclare que : « Le développement est un processus complet, total, qui déborde par conséquent l'économie pour recouvrir l'éducationnel et le culturel[4]. » C'est cette signification du développement que nous retenons dans cet essai, car toutes les avancées techniques ne sauraient se réaliser sans des hommes bien cultivés. Il sera donc question de l'adoption d'une suite d'opérations allant de la formation mentale et spirituelle d'un individu, pour aboutir à une personne capable de produire et de s'assumer dans son environnement. C'est dire que, les projets infrastructutionnels et techniques ne s'auraient-être subordonnés au développement de l'homme, car c'est ce dernier qui les réalise.

Une nation se considérerait alors développée non pas par rapport à son voisin, mais relativement à ses propres potentialités. Ces dernières ne pouvant que s'exprimer par un travail soutenu, aboutissant à la liberté, liberté entendue comme le fait de pouvoir s'assumer personnellement sans forcément dépendre d'autrui.

Dans le cas du Cameroun, et compte tenu du fort pourcentage de jeunes qui caractérise la population, nous pensons que cet idéal de développement passe par une participation efficiente et déterminante des jeunes aux diverses affaires de gestion de la nation, à une insertion sociale. Il est important que chaque jeune entrevoie clairement l'insertion sociale comme l'aboutissement d'un processus structuré et progressif. Nous ne pourrons alors, parler d'insertion sociale, qui plus est dans un contexte de développement national, sans nous appesantir sur le processus aboutissant à cette insertion sociale. Cette insertion peut être plus ou moins ralentie par les mentalités des jeunes qui voient dans l'Etat la solution à tous les

---

[4]Ebénézer NJOH MOUELLE : De la médiocrité à l'excellence (Essai sur la signification humaine du développement). Ed. CLE p. 6

maux, et par manque d'information vis-à-vis des besoins de l'Etat et de la nation.

La jeunesse est une force, un atout pour la personne qui en jouit. Cette force devrait plus se faire ressentir dans le cas du Cameroun, au vu du pourcentage élevé de la jeunesse qui caractérise la population. En effet, 42,9% de la population se situe entre 0-14 ans, 19,6% entre 15-24 ans, 30,4% entre 25-54, 3,9% entre 55-64 ans et 3,1% de 65 ans à plus[5] (2014) ; cela devrait constituer un indicateur de forte potentialité pesant à coup sûr sur la balance en faveur du développement du pays.

La nation étant, selon le Grand Robert[6], « un groupe humain constituant une communauté politique établie sur un territoire défini ou un ensemble de territoire défini et personnifié par une autorité souveraine » ; il est important que toutes les composantes de cet ensemble travaillent pour la réalisation de son idéal. Les jeunes doivent fournir de gros efforts pour s'épanouir dans la société et ne pas tout attendre de l'Etat. Il est alors important qu'ils nourrissent un amour distingué pour la nation et qu'ils travaillent à son épanouissement, à sa floraison, à son efflorescence. Car si la jeunesse, entendue ici comme constituée de personnes âgées entre 15 et 24 ans, selon la définition des Nations unies[7], est épanouie, la nation l'est aussi. Nous devons être pragmatiques, ne plus être des spectateurs et nous lancer dans la bataille, afin de réaliser l'idéal de développement que nous souhaitons pour nous et nos enfants. Mais cela ne saurait se faire sans établir des stratégies, s'essayer sur diverses théories pour s'assurer de leur viabilité.

Evoluant dans un contexte mondial permanent d'innovation et de performance, où toute action doit être

---

[5] www.indexmundi.com/cameroon/demographics-profile.html
[6] Grand Robert, dictionnaire de la langue française de 1976
[7] www.unesco.org/new/fr/popular-topics/youth/

mûrement pensée et appliquée pour ne pas constituer une gêne, un frein ou une obstruction au progrès, les jeunes Camerounais ont tout intérêt à concentrer toutes leurs énergies dans le sens du perfectionnisme.

Cet ouvrage vise donc à remettre les jeunes au centre des responsabilités et à apporter d'autres arguments en termes d'auto emploi pour le développement. Aussi, nous pensons que les orientations que nous adoptons dans le traitement de notre sujet – celui de l'insertion sociale pour le développement –, devraient permettre de prévenir notre nation de l'extrémisme par l'intégration.

En cette période où nous voulons espérer un Cameroun émergent où les rêves se réalisent, les jeunes, plus que jamais, doivent poser les bases d'une jeunesse symbole de l'expression de l'identité culturelle de notre nation, nous instruire spirituellement, afin de combattre le sous-développement mental, nous tirer mutuellement vers le haut, afin de susciter en chacun de nous une conscience nationaliste, contribuer à l'émancipation culturelle de notre nation pour surpasser toutes les différences tribales et linguistiques et participer à rendre l'éducation accessible à tous nos frères.

C'est donc dans un souci d'espérer et de permettre à nos enfants d'espérer un avenir meilleur au sein de notre société où ils pourront rêver et vivre de ces rêves que des réflexions ont conduit à la présentation de cet ouvrage.

S'il est vrai que le développement profite au peuple, ce dernier doit également être conscient que ce développement ne saurait se réaliser sans lui. Il se doit d'apporter toute l'énergie possible au profit du progrès. Les jeunes ne pourraient-ils pas prendre eux-mêmes les commandes de leur insertion sociale en usant au maximum des moyens à leur disposition sans tout attendre de l'Etat ? Il est nécessaire d'observer et de s'inspirer de l'expérience des autres pour faire des choix futuristes, garantissant un avenir radieux et d'avoir de bons mobiles intellectuels et spirituels pour mener à bien ses ambitions.

Les grands changements dans l'histoire des nations ont toujours découlé d'une révolution. Si changement, progrès et émergence nous voulons, nous devons avoir le courage et nous devons nous donner les moyens, d'amorcer une véritable révolution guidée par des principes moraux et éthiques soutenus débouchant sur la création d'emplois et de richesses.

A cet effet, Ebénézer NJOH MOUELLE déclare que : « La libre concurrence dans le cadre d'une économie de libre entreprise ne saurait signifier la loi de la jungle où les plus forts écraseraient les plus faibles. L'Etat devrait encourager les individus à déployer le plus largement possible leurs aptitudes créatrices et veiller à canaliser les risques de débordement et d'étouffement des uns par les autres. Dans cette optique, l'Etat-arbitre n'obtiendrait que de maigres résultats s'il devait sanctionner de façon arbitraire, subjective, voire ne pas sanctionner du tout. Dans un Etat où seuls certains éléments méritants sont félicités et décorés, et non tous ceux qui le méritent, il n'y a pas d'ordre respectable et durable qui puisse être espéré. De même, quand il s'agit de punir les mauvais citoyens, ne convient-il pas de choisir parmi eux, en punissant les uns et en fermant les yeux sur les errements des autres ?

« C'est alors que certains lecteurs nous disent : vous faites beaucoup trop de morale, alors qu'il s'agit de faire la révolution. Comme si une véritable révolution pouvait se définir sans principes moraux à sa base ! (...) Mais la révolution n'est pas une fin en soi, et il est dangereux de ne raisonner qu'en ces termes. Car l'après-révolution devrait être tout aussi préoccupante que la révolution elle-même ; à moins de dire que la révolution ne saurait être que permanente, ainsi que l'avait pensé Trotsky[8]. »

Afin de voir s'améliorer nos statuts et ceux de nos enfants pour un meilleur avenir, les Camerounais se doivent d'avoir le courage d'amorcer une véritable révolution. Quelle révolution faut-il conduire aujourd'hui au Cameroun ? Et qui est en droit de la conduire, sur quelles bases ? Remarquons que le fait d'avoir fait de grandes études et lu toutes sortes d'histoires relatant les grandes révolutions ne façonne pas forcément le révolutionnaire.

Hiram Samuel IYODI, dit : « En cette période de profonde mutation pour le monde, pour l'humanité et pour notre terre mère africaine, la jeunesse camerounaise a le devoir d'accomplir sa vague de changements pour garantir un Cameroun prospère à ses enfants[9]. »

L'atteinte et la réalisation de nos ambitions pour un mieux-être ne sauraient se concrétiser sans la mise en place d'un système éducatif réaliste et efficient cadrant avec les réalités et les besoins de la société. Et qui de mieux indiqués que les jeunes eux-mêmes pour penser et proposer des aménagements dans leur système éducatif pour leur profit ?

C'est dans ce sens que Hiram Samuel IYODI écrit : « L'histoire nous enseigne que les civilisations qui ont duré avaient de la vie et de l'être, une connaissance qui allait de la matière à l'esprit et qui requerrait un perfectionnement incessant. Le système éducatif des 50 prochaines années doit être pensé dans ce sens. En se donnant les moyens pour favoriser et promouvoir un bon système éducatif tant à l'école qu'à la maison, la jeunesse

---

[8]Ebénézer NJOH MOUELLE : De la médiocrité à l'excellence (Essai sur la signification humaine du développement). Ed. CLE p.14

[9] Hiram Samuel IYODI : Mes rêves de jeunes… Le Cameroun des 50 prochaines années. Editions Veritas. P.29

camerounaise ouvre la voie vers le succès. Les grandes nations de ce monde sont également reconnues comme ayant les meilleurs systèmes éducatifs. A travers leurs collèges, leurs universités et leurs programmes gouvernementaux, la Chine, les Etats-Unis, le Canada, la France, la Grande-Bretagne, l'Afrique du Sud ou l'Allemagne pour ne citer que celles-là se sont assurés de préparer une relève efficiente et capable de maintenir leurs pays prospères et riches. (...) C'est donc pour nos jeunes Etats, l'occasion de prendre la bonne trajectoire et définir pour les 50 voire 100 prochaines années, les fondamentaux de la nouvelle génération[10]. »

La démarche adoptée ici pour clairement faire comprendre à tous les articulations de cet ouvrage, est simultanément descriptive dans le sens de la collecte d'informations et des observations faites, et analytiques dans le sens de la mise en commun d'éléments afin d'obtenir des résultats satisfaisants.

Dans le cadre de cette œuvre, il nous semble nécessaire avant de développer d'autres idées, d'identifier clairement les atouts en faveur de la cause du développement et des jeunes. Dans le cas du Cameroun, quels sont les atouts qu'il y aurait à mettre en valeur, à défendre ? Qui est légitimement en droit de le faire ? Qui en a le devoir ? Ce sont là des questions lourdes de sens, car dans la configuration de nos sociétés contemporaines, les intérêts égoïstes des uns et des autres nous semblent tellement d'actualité qu'on a du mal à imaginer que nous pourrions les harmoniser. Il faut avouer que nous avons souvent très peu de raisons de nous y motiver. C'est la raison pour laquelle nous allons ensuite proposer une raison pertinente qui motiverait la conciliation de nos intérêts, tout en décrivant au préalable notre conception du vécu communautaire.

---

[10] Ibidem. P.88

Sans desservir son prochain, il faudrait que nous pensions un système pouvant mettre en exergue les atouts en faveur du progrès, un système axé sur le développement, un système librement accessible à tous, à tous les acteurs sociaux de tous les niveaux sociaux, car la notion de développement ne saurait revêtir un sens profond si tout le monde ne s'y sent pas impliqué, si tout le monde ne s'y implique pas. Comment synchroniser la notion de développement et d'insertion sociale des jeunes ? Aussi, il nous paraît important de clairement signifier quels seraient les risques d'un défaut d'insertion sociale pour le développement.

D'autre part, toujours dans le sens de faire converger les énergies vers l'atteinte d'un but commun, il ne serait pas de trop de proposer des orientations professionnelles basées sur la vision d'un système économique novateur et en accord avec nos aspirations. Le choix de ces orientations professionnelles pour le progrès devrait faire l'objet d'une promotion efficiente de l'auto-emploi et donc de l'entrepreneuriat afin de façonner pour les générations futures de vrais bâtisseurs.

Mais, est-ce que ces bâtisses dites futuristes pour un développement durable pourraient se pérenniser sans reposer sur des mobiles pertinents ? Les artisans du développement étant des hommes et considérant que le sous-développement viendrait d'abord des mentalités, il nous paraît judicieux, pour une véritable efflorescence, d'essayer de redéfinir des valeurs morales, spirituelles et éthiques afin d'améliorer les possibilités, le rendement et de pérenniser les efforts de ces hommes.

Sans toutefois vouloir prétendre à des solutions aux problèmes retenus dans cet ouvrage, ce dernier a pour principal objectif d'attirer l'attention, des jeunes et des politiques et susciter des débats en vue de continuer d'améliorer le climat social et économique du pays. Il propose aussi d'explorer une nouvelle fenêtre orientée vers la promotion de l'auto emploi et l'apport efficient des jeunes tout en tenant compte de leurs limites aussi bien sur les plans financiers qu'intellectuels dans l'idéal d'émergence que nous poursuivons et l'introduction ou la mise en valeur d'acteurs encore très peu exploités jusqu'ici.

Ceci étant, afin de donner une ligne directrice à nos propositions ou d'en préciser le canevas, il nous paraît nécessaire de définir, à l'attention de tous, notre vision et conception du développement pour l'efflorescence nationale.

Chapitre 1
Pour l'efflorescence nationale

En général, l'homme recherche dans son environnement les voies et moyens de s'épanouir, de se sentir à son aise et de se réaliser. Cette notion de réalisation dépend bien entendue, de la personne concernée et selon le cas de ses ambitions, ses aspirations et ses motivations.

Pour certaines personnes, la vie en société se résumera à naître, grandir, acquérir un emploi décent, se marier, avoir des enfants et mourir. Tandis que pour d'autres, la vie en société ne pourrait revêtir un sens véritable, s'ils n'accomplissent pas des desseins débordant des considérations de leur propre personne pour s'étendre aux autres. Il ne sera donc pas question ici, de vivre pour soi, mais pour autrui ; pour un idéal. Quel que soit l'orientation que nous décidons de prendre, le problème de l'environnement social se fera toujours ressentir en ce sens que seule une terre fertile permet de voir germer une bonne graine après le semi.

Le développement économique et social des nations dites développées et les considérations négatives des nôtres sur les plans sus cités, ont vite fait de décider ces derniers sur leur départ vers l'étranger. Bien que n'ayant pas souvent de qualification professionnelle, des jeunes sont prêts à enfreindre toutes les mesures sécuritaires nécessaires pour espérer un meilleur lendemain. C'est du fait de l'appréhension de leur environnement social, que bon nombre de nos concitoyens vont s'empresser de migrer vers l'occident, flatté par le reflet d'un milieu propice à l'expression et à la satisfaction de leur besoin et désir.

C'est à ce niveau précis que se dégage le sens profond que nous voulons donner à notre conception de ce que devrait être l'efflorescence nationale, comme celle du climat sociétal ambiant propice, à l'émancipation, à l'accomplissement et à la réalisation des hommes dans la société. Aussi, nous sommes convaincus du fait que cette émancipation, cet accomplissement et cette réalisation ne pourront pas endosser un sens véritable s'ils se situent dans un contexte sociétal ne reflétant pas l'identité naturelle des intéressés.

Quelles sont donc les conditions à l'aménagement d'un tel environnement. Qu'est-ce qui conditionne l'efflorescence nationale.

Dans toutes les communautés ou les nations organisées, l'Etat se porte garant de l'aménagement d'un environnement favorable à l'épanouissement des hommes. Le gouvernement reçoit ainsi de l'Etat, par le jeu constitutionnel, la responsabilité d'organiser l'équilibre entre les diverses composantes de la société afin de concilier tous les intérêts particuliers et faire valoir l'intérêt général pour un développement communautaire.

Pourtant, en contexte camerounais, l'Etat est pris en otage par un système clos et rigide ne permettant pas de satisfaire ceux qui devraient être ses légitimes bénéficiaires : le peuple[11].

Corruption, paupérisation, ambiguïté du climat politique, disparité religieuse, individualisme, égocentrisme, insalubrité publique, abondance des fous ou des malades mentaux et des

---

[11] Nous entendons ici par peuple, l'ensemble des personnes physiques appartenant à une communauté consacrée et sur qui s'exerce le pouvoir de décision politique. En contexte camerounais, ce peuple est à majorité jeune. 62,5% de la population a un âge inférieur ou égal à 24 ans (2014).

mendiants dans les rues, népotisme, sous-exploitation culturelle ; bref les conditions d'un véritable pandémonium et d'une promiscuité avancée.

Tous ces faits, aujourd'hui établis dans notre pays, ont peu à peu envahi la pensée commune ou la conception générale qu'on pourrait se faire d'une société, tout au moins de la nôtre, au point qu'à certain niveau on pense qu'on ne pourrait vivre sans l'existence de ces fléaux. On entendra alors ici et là : « c'est le Cameroun… C'est comme ça qu'on fonctionne ». Parole symptomatique du défaitisme ambiant.

Au Cameroun, la pensée commune veut toujours et chaque jour davantage considérer qu'on ne peut plus réussir sans avoir des personnes hautes placées pour nous soutenir, sans adhérer à des groupuscules et sans avoir beaucoup d'argent. De la même manière, pour les Camerounais toutes les personnes qui réussissent dans la société sont des malhonnêtes ou des pratiquants de rituels occultes de toutes sortes. Toutes ces pensées, motivées par le système en place, aliènent le jeune dans son milieu.

Dans toute l'histoire des sociétés, la jeunesse a toujours été synonyme ou garante de pérennisation de ces sociétés dans le temps. Elle représente l'avenir. A quel avenir pourrait-on bien prétendre lorsqu'on s'arrangerait à mal la conditionner.

Dans le pays de Paul BIYA, il est déjà communément établi que l'on ne peut plus réussir une vie en société par le seul fruit de son travail et qu'on n'a plus de choix par rapport à nos orientations professionnelles. C'est pour cette raison qu'on entendra opportunément dire : « de nos jours au Cameroun, on ne choisit pas. On fait ce qu'on voit… » Et ceux-là d'entre nous qui ne voient rien, quel avenir leur est réservé ? Nous considérons que toutes les personnes qui migrent et s'installent à l'étranger, faute de n'avoir pas trouvé une place dans leur pays, sont autant d'énergie vive qui s'en va.

Ce sont pourtant là des idées qu'il faudrait rapidement corriger au risque de laisser se construire dans notre société, une aristocratie républicaine[12] et de ce fait des castes. Un phénomène qui n'existait pas d'antan.

Contrairement à l'avis de Rigobert OWONO qui soutient l'existence des classes en Afrique traditionnelle[13], nous pensons qu'on ne peut parler de classes qu'à partir du moment où on a conscience d'un système de classe[14]. Si tel était le cas, il y aurait eu de vastes mouvements de protestations des dominés vis-à-vis des dominants[15]. Ce qui n'était pas le cas.

Nous soutenons donc que la notion de classe est un concept importé[16]. Pas plus par ignorance du constat évident d'une certaine hétérogénéité dans notre société traditionnelle, que parce que cette notion de classe n'est pas compatible à notre entendement. Nous connaissons la notion de hiérarchie et d'autorité, mais pas celle de classe.

Les influences extérieures ont néanmoins occasionné des conflits de groupe qui tendent à s'accentuer davantage si rien n'est entrepris.

Une personne se disant, malgré le fait qu'elle soit très brillante, que son travail ne sert à rien si elle n'est pas

---

[12] Cette expression est un oxymore. C'est-à-dire qu'elle juxtapose deux mots de sens opposés.

[13] Rigobert MBALA OWONO : Sociétés africaines sans classes ? Diagnostic des dirigeants politiques. P.32

[14] C'est un avis partagé par bon nombre d'intellectuels africains.

[15] En effet le corollaire de la conscience de classe est la lutte de classes.

[16] Ahmadou AHIDJO dans ***contribution à la construction nationale*** édité aux éditions Présence Africaine en 1964 dit, de la page 127 à 128, que : « L'Afrique n'a pas connu comme l'Europe, l'Amérique ou l'Asie d'aristocratie terrienne ou de bourgeoisie d'affaires dont les intérêts se seraient retrouvés en opposition avec ceux des classes moins favorisées (…). Les conflits, les oppositions d'intérêt susceptibles de diviser, d'opposer irréductiblement sont chez nous des phénomènes d'importations. »

chaperonnée ; tout en s'atrophiant mentalement, se contentera de postuler à de petites fonctions administratives ou celles à basse aspiration dans la hiérarchie sociétale, laissant ainsi l'opportunité à d'autres d'occuper les plus hautes sphères sociales. Et lorsque le nombre de personnes atrophiées se fera d'autant plus grand qu'elles prendront conscience de leur état par rapport à d'autres à leurs yeux privilégiés, elles déclencheront une vive et violente révolution. Tout au moins elles sauteront sur toutes occasions plus ou moins anarchiques de renverser le système en place.

La restriction abusive de choix comme la grande liberté dans une société de personnes, conduit à une impasse. Lorsqu'on a moins de choix, la conscience se trouve réprimée et l'environnement devient amoral. De même, lorsqu'on a trop de choix la liberté des uns empiète sur celle des autres et l'environnement devient amoral. Nous devons travailler à redonner le choix aux Camerounais et plus précisément aux jeunes camerounais tout en rehaussant les échelles de valeurs.

Toutefois, il est important de préciser qu'au-delà des propositions de réaménagements sociaux, que nous, en tant que jeunes pourrions proposer, il se dégage des observations et des analyses faites, du fait de notre proximité avec les Camerounais, que le premier défi et le plus nécessaire qu'il y aura à entreprendre, sera de restructurer la mentalité des jeunes. Le fait est que si on ne croit plus en rien, il devient quasiment impossible de sortir d'une quelconque situation désobligeante, voire dégradante.

Cette restructuration passera par une redéfinition de ce que nous voulons comme étant des valeurs sociétales et que nous exposerons dans le dernier chapitre de cet ouvrage et par une promotion permanente de la vie en communauté via la manifestation du devoir de solidarité et de l'esprit entrepreneurial, pas plus avec des mots qu'avec des actes. Parce que pour nous, une action vaut mieux que des paroles.

Cette restructuration des mentalités devra aussi pallier à terme, à ce que nous appelons : « sous-développement mental ». Nous parlons ici de l'atrophie de la raison et du discernement due à un esprit empreint à la superstition, aux dogmes de toutes sortes et prisonnier d'un environnement opaque, rigide et hostile dont les conséquences aussi néfastes que désastreuses sont clairement visibles dans le quotidien des Camerounais.

La vérité est que la plupart des Camerounais manquent d'obligeance. Le Camerounais "normal" ne sait pas nécessairement user des formules de politesse, de sollicitation, de remerciement, d'excuse... Lorsqu'on rencontre une personne polie, souriante et attentionnée, en contexte camerounais, cela sort de l'ordinaire. Ceux-là qui font des efforts se compteraient, comme on dirait "au bout des doigts". L'anormalité est devenue la norme et la norme elle-même est l'exception. Nous manquons de discipline, d'éthique et de rigueur. L'insalubrité ambiante de notre société dénote à juste titre de la caution mentale et spirituelle populaire.

Lorsque nous avons une bonne mentalité, les odeurs, l'agencement des couleurs, la démarche et j'en passe ; tout ne nous semble plus, même instinctivement, pareil. Avec un esprit fertile, même lorsque nous serions sur un mauvais chemin, la vue d'un bon exemple ne manquerait pas de nous inspirer au point de nous motiver à changer. Nous nous disposons ainsi à apprendre davantage des autres et à aller toujours de l'avant.

Rendez-vous donc compte qu'il y a des personnes, même après avoir vu de bons exemples, qui ne changent pas. A se demander si elles font la différence entre ce qui est bon et ce qui est mauvais. Rien ne les émeut particulièrement. On rencontre une personne fraîche, avec une agréable odeur, un bon comportement... Mais non, ça ne nous alerte pas. On se complaît dans notre odeur crasseuse et nos comportements désobligeants, souvent à la limite du primitif. A peine si on remarque une différence. Il n'y a rien à changer, puisque tout est normal.

C'est alors que certains diront : « mais qu'est-ce qu'ils nous racontent ; c'est sur ce genre de sujet qu'ils veulent focaliser l'attention ; sur des détails. Ils nous parlent de politesse, de pudeur et de respect alors qu'on a faim ». Si seulement ceux-là pouvaient se rendre compte que c'est précisément à cause de tout cela qu'ils ont faim. C'est à travers des "détails" comme ceux sus cités qu'on perçoit mieux le "comment du pourquoi" il y a autant de légèreté et d'indiscipline dans la gestion des affaires publiques et diverses à presque tous les échelons de la société. Le fait est qu'on ne peut pas donner ce qu'on n'a pas.

Pour nous, tout part des considérations mentales et psychologiques des individus. C'est-à-dire, de leur disposition psychique. C'est le niveau d'intelligence, de discernement, les faits d'expériences et le degré de cognition d'un individu qui déterminent grandement l'orientation de ses idées, de ses pensées et de son seuil de valeurs. Ceux-ci à leur tour, conditionnent ses goûts et sa conduite.

On peut donc au travers de la tenue vestimentaire d'une personne, de ses goûts, de ses attitudes, de sa manière de parler et de se tenir déterminer quel est son seuil de valeurs ; sous réserve que le facteur le plus déterminant soit ses dispositions psychiques. Lorsque ces dispositions psychiques produisent une personne attentive à elle-même et aux composantes de son environnement ou milieu par rapport à elle, on dit que cette personne à un esprit bon. Elle est alors moins superficielle. Elle maîtrise et assimile les clarifications conceptuelles pour pallier aux défauts de son intelligence.

L'esprit bon nourrit l'ambition et l'ambition permet de se développer. Ceci dit, nous tenons à mettre en garde ceux-là qui ne voient dans nos propos que des aspects comme le grand bureau climatisé, la belle voiture, la belle maison et pourquoi pas, la belle femme. Car ils ne feront que, par la même occasion, se concentrer sur les effets et non sur les causes. Lorsqu'on manque d'ambition, cela conduit à une impasse. Pourtant, pourvus d'ambition, nous sommes motivés à aller vers le perfectionnisme. Ce dernier, entendu ici comme l'état conscient d'un manque en soi à combler et qui nous entraîne à être toujours meilleur et à nous améliorer sans cesse.

Nous nous attellerons à présenter dans les pages qui vont suivre, comment nous envisageons tout cela pour un efficient remodelage de notre environnement sociétal afin que toutes les forces vives de la nation participent à la construction de son avenir.

Dans ce long processus de remodelage de notre environnement sociétal, la jeunesse endosse une double responsabilité.

Premièrement, parce que c'est elle qui aura en charge la direction de la nation de demain, elle doit comprendre qu'il faut réviser les erreurs actuelles, car, les mêmes difficultés s'opposeront à elle. Deuxièmement il faut être conscient que, le problème majeur ne se situe pas plus dans les personnes chargées de la direction de notre pays, que dans le système qu'ils ont mis en place et entretenu.

Les jeunes ont tout intérêt à mettre sur pied et à consolider un système indépendant et qui ne subirait pas forcément toutes les pressions du régime en place. Il faut user d'un « contre-pouvoir ». C'est-à-dire, user d'un moyen légal pour faire valoir nos revendications et éventuellement minimiser les services de l'Etat. Les jeunes ont le devoir de travailler sur divers pôles relatifs à l'amélioration des conditions de vie des Camerounais en minimisant le rôle de l'Etat et ainsi se libérer de toutes les considérations qui les étreignent.

Nous sommes ainsi convaincus que c'est là que se situe la raison sociale du travail ou de façon plus modeste, d'une occupation. Un travail décent permet de nous reconsidérer par rapport à nous-mêmes et par rapport à notre milieu et de nous libérer de toutes formes d'aliénations usuelles.

Ceci étant, il faut bien considérer que l'accès à un travail ou une occupation décente n'est malheureusement pas à la portée de tous ou de n'importe quel Camerounais. Les jeunes doivent se donner les moyens de faire la promotion du "travail pour tous" car pour nous, c'est là le vrai sens du développement. Lorsque chacun peut être garanti d'un travail, il trouve sa place dans la société et se sent alors d'autant plus épanouie pour que l'efflorescence nationale soit.

Pour nous, une nation est donc développée où l'on constate le degré de développement d'une nation à partir du moment où toute personne de bonne moralité, se dévouant à son niveau à l'épanouissement de la nation, trouverait moyen de s'épanouir elle-même à travers un travail. Tout cela évoluant dans un contexte éthique garantissant la pérennité de la nation dans le temps. Les grandes infrastructures, les routes aménagées et les institutions de qualités ne seraient alors que des conséquences logiques des principes édictés plus haut.

Donnons-nous les moyens de réaliser de bonnes œuvres à notre niveau, avec les moyens dont nous disposons et non avec les moyens dont nous pourrions disposer afin de justifier qu'avec plus de moyens, nous irions encore plus loin dans l'intérêt de tous nos concitoyens.

Nous ne pouvons pas, et n'avons pas le droit de mesurer la pertinence de notre efflorescence nationale par rapport à celle des autres. Le fait est que ces nations dites développées connaissent aussi les plus grands écarts sociaux entre concitoyens. Elle se doit d'être propre à nous, à nos valeurs et à nos aspirations. C'est dans le souci d'atteindre de façon rapide cet objectif que nous devons nous mettre ensemble et faire abstraction de nos intérêts égoïstes. C'est aussi à dire qu'un homme sans travail, ni soutien peut sombrer dans le désarroi, mais cent hommes sans travail peuvent s'en sortir en mettant en commun leurs ressources.

Nous ressentirons une réelle amélioration de notre statut étatique lorsque le régime en place permettra à nos malades de se soigner à moindre coût ; lorsque les administrations et la bureaucratie seront plus flexibles et nécessairement moins lourdes ; lorsque nos enfants recevront une éducation de qualité qui renseigne plus sur notre propre histoire et que les formations professionnelles plus pertinentes donneront accès à des emplois variés ; lorsque l'intégrité de tous nos concitoyens sera protégée contre toutes attaques internes et externes. Ceci n'est pas à dire que des efforts ne sont pas faits dans ce sens, mais juste que tout ceci reste une quête permanente.

A ce niveau nous avons deux choix qui s'offrent à nous. Soit, nous restons passifs justifiant que ce sont là des tâches qui reviennent aux politiques qui nous dirigent. Soit, nous faisons le choix d'user de tous les moyens légaux à notre niveau pour impulser des changements qui sont à notre portée dans des secteurs clés comme, entre autres, l'éducation, la santé et la formation.

C'est dans cette dernière optique que nous pourrions suggérer d'explorer les possibilités qu'offrent les associations. Parce que nous avons le devoir, en tant que jeunes citoyens, d'agir pour l'aménagement d'un climat social propice à l'ouverture de possibilités diverses aussi bien dans l'intérêt de ceux qui prennent des initiatives, que dans celui de ceux à qui s'adressent en priorité ces initiatives, sans oublier d'observer la place qui est la nôtre dans la société.

Il n'est pas alors juste question de mettre à contribution son énergie psychologique dans tel ou tel autre domaine, mais d'en revêtir la responsabilité. Il n'est pas alors question de s'investir, mais proprement de s'engager dans notre propre intérêt. Nous devons nous engager, nous jeunes, dans des œuvres sociales afin d'améliorer les conditions de vie des ménages et venir en aide à ces jeunes-là qui n'ont pas forcément de repère et qui en ont besoin. Car, il faut bien se dire que, si nous ne contribuons pas aujourd'hui à résoudre les problèmes actuels de nos voisins, leurs solutions pourraient bien devenir nos problèmes de demain.

Il faut toujours garder une certaine proximité avec ceux qui autour de nous ont beaucoup de difficultés et des besoins.

Nous devons nous engager à la mise en œuvre d'un renouveau culturel et traditionnel. Nous devons contribuer à ne laisser aucune de nos cultures ou traditions disparaître et tirer le meilleur en chacune d'elles pour l'édification d'une nation forte. Nous devons prendre l'engagement de participer à la vie politique de notre nation. Nous devons nous engager pour l'efflorescence nationale.

Non ; les dés ne sont pas pipés, non ; tout n'est pas joué d'avance. Notre parole compte et nous devons la faire valoir. Nous ne devons en aucune manière nous exclure des décisions politiques relatives à la vie de la nation, car notre destin est étroitement lié à celles-ci. Nous devons nous engager véritablement à booster l'économie de notre pays, qui selon nous ne se fera pas sans créer beaucoup d'emplois, d'où la nécessité d'entreprendre. Nos choix doivent se porter sur des secteurs d'avenir et capables de produire beaucoup d'emplois. Les secteurs comme le social, l'agroalimentaire, l'environnement, la technique et les énergies renouvelables sont des filières que nous devrions explorer.

Tous ces engagements et ces responsabilités qu'il nous incombe aujourd'hui d'assumer, contribueront à l'amélioration du climat sociétal de notre pays. Nous devons nous donner les chances d'espérer un avenir. Un avenir où nous serons libérées de nos considérations et de nos pensées superstitieuses et aliénantes. Un avenir où chaque Camerounais animé de valeurs communautaires travaillerait et gagnerait sa vie décemment. Un avenir où toute personne voulant s'investir et s'engager à la cause communautaire trouverait raison et motivation de continuer de produire des efforts.

Tel est donc notre conception idéale du développement. Les gratte-ciel, les autoroutes, les industries ne seraient rien ou n'auraient pas une grande valeur, si nous ne développons pas l'humanité en nous au risque d'aboutir à une nation qui ne soit pas humaniste. Nous ne pourrons nous développer que dans une atmosphère qui lui sera propice. L'héritage que nous avons le devoir, aujourd'hui jeunes africains et plus précisément jeunes camerounais, de conserver et de léguer à la postérité, c'est une certaine considération de l'humain afin que soit préservé l'humanité, sinon en tant que fait du moins en tant qu'idéal.

Chapitre 2
La valeur du capital humain

La population camerounaise se compte à environ 21 461 000 habitants (2014) répartis sur tout l'ensemble du territoire national dont le taux d'alphabétisation[17] des 15 ans ou plus est de 70,6%[18]. Ceci indique un grand manque à gagner en termes de création de richesse. Et pourtant, pour atteindre et réaliser les idéaux de vie que nous souhaitons pour les nôtres, il faut beaucoup travailler pour produire des richesses.

Cependant, étant donné l'idée d'outil que nous nous faisons de ces richesses et considérant que ce sont les hommes qui produisent et détruisent ces richesses, il nous paraît indéniable que le plus grand et le plus important atout dont nous pouvons disposer pour atteindre nos idéaux est le facteur humain. En matière de potentiel humain dans les entreprises, ce secteur constitue le maillon fort de la structure, ce sont les ressources humaines d'un groupe qui lui donnent tout son sens. Tout le monde a une importance capitale, chacun a son rôle à jouer dans ce sens que sans subordonnés il n'y a pas de supérieurs, encore faudrait-il les sélectionner et les manager de manière efficace.

Le nombre est une force, l'expérience ne l'a jamais démenti. Plus il y a de personnes regardant dans le même

---

[17] Selon l'INS, l'alphabétisation formelle rend compte de l'aptitude des personnes âgées de 15 ans ou plus à lire et à écrire en français ou en anglais.

[18] Source : ECAM3, INS : Conditions de vie des populations et profil de pauvreté au Cameroun en 2007. Décembre 2008. Page 41.

sens, plus on a des chances de réussir dans l'idéal de vie que nous nous sommes fixé. Pour une population de 21 461 000 d'habitants, avec un taux d'alphabétisation de 70,6%, le Cameroun, d'après cette description sommaire, n'arrive pas à exploiter plus du quart de son potentiel humain sur le plan intellectuel. Si l'on considère qu'une personne instruite constitue un facteur de production et que la population camerounaise est en majorité jeune, il y a lieu de le regretter.

Pour essayer de remédier à ce problème de manière à encourager la croissance économique de notre pays, il serait sans doute judicieux d'offrir des formations aux jeunes issus de familles brisées et aux analphabètes. Par jeunes issus de familles brisées, nous faisons référence aux enfants de la rue, aux jeunes orphelins, aux mineurs des pénitenciers et aux jeunes n'ayant pas la possibilité de s'instruire, faute de moyens financiers.

Lorsque le fruit d'un système de personnes se démarque négativement des autres, cela signifie qu'il est survenu un problème au niveau d'un palier ou d'une échelle du dit système. Généralement nous constatons juste l'intervention ici et là des forces de l'ordre comme rempart au maintien de l'ordre public en omettant qu'elles interviennent généralement en dernier ressort.

Nous aimerions attirer l'attention sur le fait que les forces de l'ordre sont en fait le dernier rempart contribuant à l'équilibre et à la quiétude sociale et que la famille en est le tout premier. Lorsqu'un individu se retrouve en marge de la société, cela signifie qu'il y a eu avant tout un échec du système de la famille. Car si on considère que toute personne est issue d'une famille, et qu'une famille en contexte sociétal a vocation naturelle à produire des individus capables d'être assimilés et intégrés à la société avec toutes les valeurs qu'elle véhicule, nous disons que les jeunes qui se trouvent être orphelins, dans les pénitenciers, dans la rue et qui flânent abusivement dans les quartiers sans repères sont issus de « familles brisées ». Cependant ils ne doivent pas être laissés pour compte, mais plutôt encadrés.

Evoluant dans un contexte d'émergence, il est important que les dirigeants signifient l'importance de chaque composante de la société. Tout le monde a un rôle à jouer, il suffit de savoir le définir. Valoriser, canaliser et réorienter les énergies est la lourde tâche qui incombe aux dirigeants, car il faut souligner que tous ces jeunes qui bondent nos rues, sans aucune orientation et qui sont analphabètes, constituent un indice de pauvreté et de sous-développement. Il est question de transformer nos faiblesses en force.

Cela constitue sans doute un grand manque à gagner, que de ne pas s'attarder sur le cas de ces familles n'ayant pas les moyens d'instruire leur progéniture à cause de la pauvreté (le DSCE[19]révèle que 40% de la population vit en dessous du seuil de pauvreté). Cette jeune progéniture qui pour s'en sortir va se mettre à développer des stratégies de subsistances pour subvenir à leurs besoins de première nécessité. Les parents ayant perdu le respect de leurs enfants, ces derniers vont, pour ainsi dire, subir leur propre formation.

Dans le meilleur des cas, nous verrons les garçons se débrouiller dans les métiers du secteur informel et les filles se ranger tout simplement en mère de foyer. Ces filles dont nous devrions encourager l'autonomisation.

Et dans le pire des cas, nous les verrons flâner dans les rues des grandes villes, favorisant ainsi le développement des réseaux de stupéfiants, de banditisme et de prostitution, ou encore dans nos prisons suite à des actions peu recommandables. Physiquement et surtout mentalement

[19] Document de Stratégie pour la Croissance et l'Emploi

atteints, ces jeunes ont besoin d'être guidés comme des brebis par leur berger, comme un fils par son père.

Il est question de transformer ces personnes qui, généralement, consomment l'argent du contribuable, en personnes génératrices de richesses, car à notre sens, les ressources humaines constituent le premier facteur créateur de richesses. Nous sommes convaincus que le concours d'idées et des performances professionnelles ne peut être que bénéfique.

C'est un avis partagé par bon nombre d'économiste comme Gary BECKER et de penseurs comme l'illustre Conficius. Ce dernier parle de la mise en valeur du capital humain via l'éducation comme étant un facteur de développement de la richesse matérielle. Nous pensons que les investissements que nous pourrions consacrer au développement du capital humain permettraient d'accroître sans nul doute le rendement du travail.

Le fait de parier sur la valeur des ressources humaines résulte aussi des observations les plus simples, où l'on peut constater que les pays les plus développés, à l'instar de la France (65 821 885 habitants), du Japon (127 950 000 habitants), de la Russie (142 905 200 habitants), des Etats unis(311 806 000 habitants), de la Chine (1 339 724 852 habitants) et de ceux en voie de développement comme le Nigéria (158 423 000 habitants), le Brésil (190 732 694 habitants), l'Inde (1 210 193 422 habitants), ont de fortes populations et n'hésitent pas à attirer d'autres compétences humaines pour participer à leur développement.

Ceci étant, il est important de ne pas oublier le ratio entre l'offre et la demande. Le problème le plus récurrent en contexte de gestion des grandes nations, est que le taux de natalité est presque toujours supérieur au taux de croissance. Il faudrait donc innover davantage en stimulant la créativité des jeunes. Nous apporterons des propositions dans ce sens dans les prochains chapitres.

Mais il ne faut pas penser que nous encourageons nécessairement les naissances en vue de l'augmentation de notre potentiel humain. Il est question pour nous, de souligner la nécessité qu'il y a que les 21 461 000 habitants de notre pays soient judicieusement exploités. Nous voulons considérer ici, qu'une personne instruite ou encadrée est synonyme de progrès national. Qu'en serait-il alors de milliers de personnes ? Ceci étant, le cumul de personnes cultivées dans une organisation disparate ne produirait pas grand-chose, tout au contraire, nous pensons que des énergies dispersées ou mal canalisées iraient continuellement s'évanouir et disparaître dans la masse ne trouvant nulle part où s'exprimer.

Les jeunes d'aujourd'hui sont les dirigeants de demain, ils sont donc en droit de préserver le patrimoine intellectuel qui est le leur et par devoir de mémoire, ils doivent cultiver et préserver leur liberté de penser pour le progrès national. Si nombre important est synonyme de potentiel important, les jeunes camerounais, du fait de leur nombre et dans une optique de développement communautaire, doivent se mettre ensemble et faire valoir leurs idées novatrices. Ceci dit, nous sommes convaincus qu'en l'absence d'une idéologie commune, les jeunes ne pourraient tout simplement pas accomplir cette union si importante et nécessaire à la réalisation du dessein auquel ils se veulent aspirer.

Par idéologie, nous entendons un ensemble ou système d'idées qui nous seront propres. C'est de ces idées que nous adopterons nos valeurs et de ces valeurs se façonnera une ligne directrice devant conduire nos pas, de ces valeurs se construira une doctrine.

Régulièrement distrait par les méandres de notre environnement, si âme commune n'est pas, union ne sera pas et développement par surcroît. La jeunesse a besoin d'une idéologie unificatrice. La nécessité d'un courant de pensée, intégrant identité culturelle et souci de progrès socio-économique, où les Camerounais viendraient naturellement s'identifier se fait de plus en plus ressentir (cf. chapitre 4). Nous avons besoin, parce que nous ne pouvons rien construire les uns sans les autres, d'un système cohérent d'idées permettant de trouver un consensus tourné vers l'action.

Il faut arracher les jeunes camerounais à l'indécision stérilisante dans laquelle ils se trouvent. « Ainsi faudrait-il lier organiquement l'être au faire, la personnalité au devenir, le projet unitaire à ce quelque chose qu'on pourrait aussi bien appeler dessein réformateur que révolution culturelle[20]. »

La nécessité s'impose dès aujourd'hui à une jeunesse aspirant à un Cameroun prospère de clairement faire la part des choses et d'intégrer les notions de conscience nationale, de personnalité nationale et d'identité idéologico culturelle (cf. chapitre 5). Nous refusons les systèmes dogmatiques et/ou ambigus se réclamant vision impérative de la réalisation des hommes dans la société.

Quelle serait donc cette idéologie sur laquelle nous parierons la consolidation de l'unité camerounaise ? Sur quelle base la construirait-on ? Dans quelle mesure serait-elle capable de nous permettre de réaliser notre idéal de développement de manière plus efficace que les autres ? Remettons-nous au point de départ et tout le reste viendra par surcroît.

[20] Hichem Djaït : La personnalité et le devoir arabo-islamique. Edition du seuil. 1974. P.116

Chapitre 3
La communauté camerounaise

Le mode de vie d'un individu traduit ses pensées et ses valeurs, car, c'est d'elles que dépendent ce mode de vie. Le concept ne change pas pour peu qu'il s'agisse d'un groupe d'individu, car, à ce moment-là, une pensée générale guide leurs actions. On notera alors, que la pensée est différente d'un groupe à l'autre et dépend fortement des aspirations du groupe concerné.

Il existe différentes formes de regroupement des hommes dans la société. Nous pouvons distinguer notamment, la masse, la communauté, le public, la classe, la communion, la foule, etc.

En contexte camerounais, les hommes avaient une conception traditionnelle de la communauté et se réunissaient en communauté. Sans toutefois nous enliser dans des débats philosophiques, anthropologiques ou sociologiques, pour savoir en quoi toutes ces différentes formes de regroupement sont distinctes les unes des autres, nous définirons la communauté comme un groupe social dont les membres vivent ensemble tout en ayant les mêmes intérêts. Il existe donc au Cameroun, plusieurs communautés cohabitant ensemble et formant la nation camerounaise.

Afin de caractériser la pensée et de ce fait les valeurs propres à l'identité camerounaise, pour aboutir à une nation communautaire, nous illustrerons d'abord la conception traditionnelle de la communauté camerounaise.

3-1 : De la conception traditionnelle de la communauté[21]

Nous ne le clamerons certainement jamais assez, le Cameroun est un pays très riche. La diversité de sa géographie, son climat, sa faune, sa flore et ses multiples ethnies en sont un vibrant témoignage. C'est aussi dans ce sens que l'on entend par ici et par là-bas ; les gens dire, « Cameroun, Afrique en miniature ». Nous avons au sein de notre pays les Soudaniens, les Bantous, les semi-Bantous, les Arabo-Berbères, les pygmées, etc., bref, toute l'Afrique s'y trouve représentée et par surcroît ses différentes cultures. Ces cultures conditionnent la manière de se vêtir, de se comporter, notamment en matière de bonne séance, d'éducation des enfants et d'organisation de la vie de groupe.

Mais, en amont de ces cultures qui caractérisent chaque groupe social, nous décelons une conception universellement traditionnelle de la vie en communauté dont les caractéristiques très marquantes persistent encore ici et là, malgré les influences extérieures.

Les liens sociaux dans la communauté traditionnelle camerounaise étaient profonds, solides et plus durables que dans n'importe quelles autres formes de regroupement. Nous avions une organisation économique propre basée sur la répartition du travail, la spécialisation des tâches et le respect de la hiérarchie. Tout ceci pour la satisfaction des besoins de la société.

Dans notre conception traditionnelle de la communauté, chaque enfant était celui de chaque parent, de chaque voisin et l'on pouvait voir ces enfants déambuler et manger dans plusieurs foyers à la fois. Les hommes vivaient ensemble autour d'un chef ou d'un patriarche, qui organisait de façon communautaire leur vie. Tout le

[21] Nous situons le contexte à la période pré-coloniale.

monde ou presque avait à cœur de travailler ensemble et de se développer dans un esprit de solidarité. Voilà quelle était la connotation que nous donnions au sens de la communauté.

« Ce sens de la communauté s'observe quotidiennement dans nos villes et villages comme une réponse constante à un appel permanent du terroir : en effet, non seulement la tendance instinctive est au regroupement ou à la reconstitution des villages dans la ville, mais certaines techniques d'épargne, tel que les tontines fonctionnent sur la même base de l'instinct communautaire. Certes la connotation tribale de ces phénomènes est un facteur pernicieux que nous sommes appelés à dépasser ; mais le fondement psychologique des phénomènes susmentionnés demeure la volonté d'être ensemble et de partager les joies et les peines survenues au sein du groupe. Le milieu traditionnel est donc le creuset d'où viendra l'enseignement, si essentiel, du devoir de solidarité. En effet, c'est dans la tradition camerounaise que se pratique le Yum, cette forme de compagnonnage qui rassemble des hommes soucieux de collaborer selon un système rotatif arrêté d'un commun accord, pour une prospérité collective à base de promotion individuelle. C'est encore cette tradition qui enseigne que la pêche dite collective n'aboutit pas à la collectivisation des fruits de la pêche, mais conduit à en remettre quelque peu à ceux qui ont eu la main malheureuse, afin que toutes les familles puissent se restaurer avec décence. C'est enfin dans la tradition camerounaise que dès son bas âge, le tout petit apprend à travers les proverbes qu'une main ne peut, toute seule, valablement faire un paquet. Et qui n'a entendu parler de cette pratique camerounaise, nommée M'Bangsuma, qui veut que deux ou plusieurs personnes, adultes, femmes ou

enfants, conviennent par solidarité de ne jamais rien manger sans le partager avec les autres partenaires[22] *? »*

Nous ne pouvons plus revivre le passé aussi attrayant soit-il et nous comporter comme à l'époque de nos aïeuls. Cependant, de par le caractère humaniste de nos enseignements ancestraux, ils méritent d'être justement revalorisés et réactualisés. La régression de l'existence communautaire de l'Afrique traditionnelle que nous observons de nos jours, ne serait-elle pas la résultante des influences culturelles étrangères ? N'avons-nous pas exagérément importé les modèles de vie économique occidentale, tel que le capitalisme qui est basé sur l'individualisme et la libre concurrence au point de perturber nos valeurs traditionnelles ?

Bien que progrès et développement soient synonymes d'avancement et de changement, si nous ne prenons pas soin de regarder en arrière, nous ne ferons que la moitié du chemin et la société nouvelle dont nous attendons l'éclosion ne sera pas.

3-2 : Vers une nation communautaire

Les hommes se sentent plus favorable à travailler ensemble, à se faire, mutuellement confiance et à manifester des signes de solidarité lorsqu'ils se connaissent bien, lorsqu'ils partagent une histoire commune, bref, lorsqu'ils appartiennent à la même communauté. Nous pouvons aussi affirmer que, quand des personnes ne partagent pas à leur sens les mêmes réalités ou la même culture, la méfiance s'installe et il y a rejet. Ce rejet dû à la méfiance ou à la peur de l'inconnu se caractérisait en contexte camerounais par un phénomène pernicieux que l'on appelait tribalisme.

---

[22] Paul BIYA : Pour le libéralisme communautaire. Editions Pierre Marcel FAVRE/ABC P.132

En effet, l'une des caractéristiques notables du Cameroun est sa pluralité ethnique, tribale et linguistique. Le tribalisme, dont le spectre rôde encore à notre époque, ne doit d'aucune façon possible se réinstaller dans la pensée commune comme faisant partie intégrante de notre vie en société. Parce que nous ne pouvons pas toujours donner des explications logiques au fait d'haïr son voisin juste parce qu'il est Nanga ou Bamiléké, nous devons perpétuellement combattre le tribalisme dans notre société et faire valoir des notions comme la tolérance.

« Le tribalisme, tout comme le racisme, naît de la méfiance et de l'ignorance de l'inconnu, ou des mauvaises expériences personnelles que l'on généralise trop vite souvent à l'échelle d'une famille, d'une tribu ou d'une race. On retrouve des ignorants et illuminés partout. Il y en a de toutes les races et de toutes les religions, dans tous les continents et tous les pays et forcement dans tous les clans et tribus. Un trait de caractère individuel ne saurait être suffisant pour définir un groupe. En somme, aucune tribu n'est parfaite, aucune n'est meilleure que l'autre. Toutes ont, au fil du temps et de leur histoire ; développé des aptitudes bonnes ou mauvaises selon l'avis de tout un chacun[23]*. »*

Nous sommes convaincus que le tribalisme dans notre société ne pourra pas trouver des moyens d'expression, si en chaque communauté qui compose la nation camerounaise, nous reconnaissons l'autre. D'où, la nécessité de nous constituer en nation, car il paraît clair que la nation représente la communauté à grande échelle.

Au sujet du tribalisme dans notre pays, nous aimerions préciser, pour que nul n'en ignore, que les Camerounais ont dépassé ce stade. La vérité est qu'il n'y a pas d'organisation sociale rigide par tribu et par surcroît, pas

---

[23]Hiram Samuel IYODI : Mes rêves de jeunes… Le Cameroun des 50 prochaines années. Editions Veritas. P.76

de haine entre elles, en contexte camerounais. C'est pour cela que l'on retrouve, par exemple, des noms de l'Ouest dans des familles du Sud. Toutes les personnes qui alimentent les débats tribaux dans notre pays, sont celles-là qui veulent nous faire rentrer en arrière, alors qu'il est question d'avancer.

Ne confondons pas le tribalisme à des concepts comme le népotisme[24]. Le Cameroun est irréversiblement engagé vers la construction d'une nation unie et indivisible. Le tribalisme est un vestige du passé pour le Cameroun

Dans sa conception originelle, la nation désigne un ensemble d'individus nés sur une terre commune ayant une langue commune, une histoire commune, faite de joies et de souffrances communes.

Ainsi, avec les différentes tribus qui le composent, le Cameroun n'est pas une nation au sens étymologique du terme, mais, néanmoins un Etat. Ce dernier est la collectivité humaine la mieux organisée politiquement, avec un appareil d'autorité parfaitement structuré et doté d'une force matérielle de contrainte permettant d'assurer l'ordre à l'intérieur et sur les frontières du pays. Ceci étant, et malgré la multiplicité des ethnies qui apparaissent comme autant de petites nations, l'Etat camerounais existe.

Cet Etat, comme autant d'autres en Afrique, a été arbitrairement constitué par le biais de la colonisation sans tenir compte des nations y rattachées. En effet, certaines nations sont parfois réparties dans deux ou trois Etats. L'Etat camerounais, pour que ses citoyens puissent s'épanouir dans un élan de solidarité, de respectabilité mutuelle et de confiance, a donc à charge de travailler pour se constituer en nation et devenir un Etat-Nation avec

---

[24] Tendance d'un homme occupant une haute position ou fonction à favoriser les membres de sa famille.

pour tous les Camerounais une terre commune, un passé commun et des aspirations communes.

Pour ce faire, il nous faudra passer d'une simple union nationale, à l'intégration nationale. Car si l'union désigne une simple juxtaposition, l'intégration est une fusion.

C'est à cet effet que Paul BIYA déclare dans son livre intitulé, pour le libéralisme communautaire, qu'« il faut donner à tous les Camerounais le sens de leur nécessaire solidarité existentielle, base d'un déploiement optimal des forces vives indispensables à l'accélération du progrès général du pays. Je considère donc la réalisation de l'intégration nationale ; étape suprême de l'unité nationale, comme l'œuvre historique capitale et prioritaire que j'ai à entreprendre avec l'ensemble des Camerounais[25] ».

Ainsi, du fait de sa multiplicité ethnique, l'intégration nationale se fera par la culture en passant des cultures ethniques à une culture nationale. Nous entendons « par culture l'ensemble de ces données originales, positives et constantes qui ont fondé l'existence communautaires des ethnies camerounaises et garanti leur survie au fil de l'histoire. Ces données fondamentales, ici nommées universaux culturels, sont des valeurs qu'il faut faire recenser, promouvoir pour l'intérêt de la collectivité nationale, afin que chaque Camerounais se reconnaisse jusque dans les manifestations culturelles qui ne seraient pas de son ethnie d'origine[26] ».

Une synthèse des cultures est donc préconisée afin d'en dégager son identité universallo-traditionnelle, qui a en tout et pour tous des caractéristiques humanistes. Il ne s'agit donc pas d'une simple synthèse, mais bien d'une remontée à des fondamentaux acceptés comme universels.

---

[25] Paul BIYA : Pour le libéralisme communautaire. Editions Pierre Marcel FAVRE/ABC P.30

[26] Paul BIYA : Pour le libéralisme communautaire. Editions Pierre Marcel FAVRE/ABC P.110

Tout ceci dans le but de nous permettre d'aller vers une nation communautaire. C'est dans cette optique que Paul BIYA déclare que : « L'on ne sera descendu au fond de sa personnalité ethnique que pour en remonter avec ce que l'ethnie détient d'excellent et dont la nation entière doit bénéficier, à travers les langues nationales et à travers les langues officielles[27]. »

[27] Ibidem P.117

Chapitre 4
Une idéologie d'intégration

Une nation est un regroupement de communautés elles-mêmes n'étant qu'un regroupement de personnes. Lorsqu'une nation se porte mal, en fait, c'est l'expression du mal-être qui anime les personnes qui la composent. En règle générale lorsqu'une personne ressent un manque en elle, au sein de son environnement susceptible d'améliorer sa condition, elle va essayer de le combler. Ce qui ne manquerait d'ailleurs pas de se refléter sur la nation tout entière.

Nous parlons ici d'un mal-être traduit par un déficit matériel. Ceci dit afin de combler ce déficit, nous devons nous remettre en question et considérer le matériel comme la manifestation visible d'un travail interne au préalable accompli. Les bâtisses construites par des ingénieurs et des techniciens, dans lesquelles nous vivons au quotidien, sont elles-mêmes les fruits de la transcription sur des plans de construction par des architectes, de l'idée ou de l'imagination de simples personnes. Nous ne pourrons pas prétendre à une libération économique et sociale, si nous ne pensons pas cette libération économique et sociale.

Mais, pourrons-nous réellement penser à une libération économique et sociale, si l'on considère qu'elle n'est, elle-même que la matérialisation des systèmes de pensée, sans tenir compte de ces derniers ? Ce qu'il y aurait de primordiale pour nous à entreprendre, ce serait de définir un ensemble d'idées reposant sur des valeurs sociétales et communautaires (cf. chapitre 10), à travers lesquelles les

Camerounais et plus précisément, les jeunes camerounais pourraient s'identifier. Il est important de le souligner, la libération nationale et la révolution économique et sociale ne sont pas des marchandises d'importation. Elles sont le produit d'une élaboration locale, motivé par une culture des valeurs et des réalités socio-économiques locales.

L'occident prétend, que les Africains n'ont pas d'idéologie[28], celle-ci n'étant apparue qu'avec la rupture de la pensée avec le mythe et la religion pour élire la rationalité, elle-même apparue au 18e siècle. Le plus alarmant est que certains intellectuels africains considèrent qu'il ne peut y avoir d'idéologie qu'en Europe, puisque l'idéologie est le produit de la rationalité, mot inventé au 18e siècle. Sur la base de ces dispositions, les intellectuels et les dirigeants africains n'ont eu d'autre choix que de rechercher une idéologie en Europe dont ils n'ont retenu que le marxisme et le socialisme.

Le fait que le mot « idéologie », du fait du rationalisme, ait été inventé au 18e siècle ne signifie pas qu'il n'existait pas auparavant des idéologies, même en Occident. Ne découvre-t-on pas encore de nos jours des faits qui existent depuis fort longtemps. A travers tout cela, l'occident a implicitement voulu démontrer qu'il n'existait pas de démarche rationnelle au sein de notre pensée traditionnelle.

---

[28] Marcien TOWA dans **Essai sur la problématique philosophique dans l'Afrique actuelle** édité aux Editions CLE en 1979, caractérise la pensée occidentale vis-à-vis des africains. Il dit qu'« Hegel exclut du domaine de la philosophie les indigènes d'Amérique ainsi que les Nègres parce qu'ils seraient plongés dans la naturalité. Pour parler de ces derniers, Hegel trouve des accents terribles. « Le nègre représente l'homme naturel dans toute sa sauvagerie et sa pétulance : il faut faire abstraction de tout respect et de toute moralité, de ce que l'on nomme sentiment, si on veut bien le comprendre ; on ne peut rien trouver dans ce caractère qui rappelle l'homme.» P.18

A ce sujet, Abdoulaye WADE précise « qu'en ce qui concerne le tiers monde, l'anthropologie moderne admet que les comportements des populations sont rationnels, mais que c'est l'approche étriquée des « experts » qui n'a pas été inspirée d'une vision historique et environnementale suffisante de la notion de rationalité[29] ».

Qu'est-ce qu'une idéologie ? « La compréhension des actes d'un individu ou d'une société peut être opérée à partir d'une représentation intellectuelle systémique formée d'un certain nombre de valeurs de références structurées en une cohérence déterminée qui permet de comprendre les actes passés et de jeter un éclairage sur les actes futurs : cette représentation, c'est l'idéologie. Par sa cohérence interne, l'idéologie relève de la rationalité, mais par son existence, elle relève du normatif[30]. » Nous pouvons donc dire que l'idéologie, qu'elle soit assimilée à un individu ou à un groupe d'individus existe nécessairement. Il n'est donc pas plus question de spéculer sur une potentielle existence que de l'identifier.

Le défaut d'une idéologie nationale dans un contexte camerounais, ou le manque d'idéologie, ce qui pourrait se justifier en partie, par l'ignorance de la réalité culturelle ou traditionnelle (cf. chapitre 3 et 9), est l'une des plus grandes, sinon la plus grande faiblesse de notre démarche ou de nos initiatives en faveur de l'épanouissement social auquel nous aspirons. Nous devons donc asseoir une bonne base idéologique, afin d'accéder à un épanouissement social, se matérialisant naturellement par la création de richesse.

Tentons donc d'identifier une idéologie qui nous soit propre, qui réponde à nos aspirations tout en respectant notre identité.

---

[29] Abdoulaye WADE : Un destin pour l'Afrique. Editions Michel LAFON P.81

[30] Ibidem. P.80

Pour y parvenir, nous allons analyser les actes de notre société et essayer de formaliser le système de valeurs qui commande ces actes. En d'autres termes, il est question d'identifier sur quel système de pensée, repose les modèles fondamentaux qui orientent la création de richesse.

En effet, plusieurs sources sont susceptibles de motiver une personne à la création d'une entreprise et quelle qu'en soit l'origine elles méritent d'être attisées et les efforts encouragés dans l'optique de la création des richesses. Dans cet ordre d'idées, il est important de ne pas inhiber la soif de conquête des personnes voulant se disposer à la création des richesses. La quête d'un concept adéquat de soi ou d'une certaine estime par rapport à son milieu en est une et mérite une fois les idées accomplies, d'être justement récompensée.

Dans une organisation de personnes, la libre entreprise mérite de ce fait d'être encouragée par la mise en place de systèmes et moyens stimulant la créativité et la compétitivité des agents économiques. A la recherche d'un plus et manifestant la nature humaine à l'éternelle insatisfaction, ils entreront en rivalité aussi bien contre eux-mêmes que contre leurs semblables s'enrichissant toujours un peu plus et de ce fait leur communauté et la nation.

Ceci étant, dans de telles dispositions nous assisterons à un phénomène sélectif naturel qui contraindrait les plus faibles à se laisser marcher dessus par les plus forts, les riches devenir encore plus riches, les pauvres devenir encore plus pauvres et les classes et les inégalités sociales se renforcer. Or, dans une nation prônant une conception du matériel subordonné au développement de l'être, une conception de développement centralisé sur la personne en elle-même et respectueuse de la dignité humaine, nous assisterons ici à un véritable paradoxe.

En effet, l'homme est au centre de la production et il est responsable de sa production. La quête effrénée du profit aura souvent conduit à l'instrumentalisation de l'homme par l'homme conduisant souvent, aussi du fait de l'usure à une baisse de la production.

Les agents économiques ayant compris le rôle primordial de l'homme comme moyen de production vont alors le percevoir comme une ressource à part entière et l'économiser. On parlera alors de ressource humaine. C'est alors que par le biais d'une organisation concertée, ils entendront faire prévaloir l'intérêt général sur les intérêts particuliers allant alors en totale contradiction avec la conception du libéralisme.

Dans ces dispositions, les hommes remettront la responsabilité de leur souveraineté entre les mains d'une institution de tutelle chargée d'organiser leur vie. Ils s'en référeront au gouvernement d'un Etat, où ce dernier est présenté comme l'élément essentiel garantissant le respect des droits et des privilèges des hommes dans la société. Afin de garantir l'égalité dans la société, l'Etat aura à charge de redistribuer à tous les citoyens, les fruits de la croissance communément emmagasinée. Dans de pareilles dispositions, nous nous rendrons bien compte que l'équité ne serait pas respectée. Les uns, bien que travaillant plus que d'autres, ne seront pas forcément récompensés au prorata de leur effort et pourraient ne plus avoir le même engouement à la production. Les heureux bénéficiaires du travail des autres, quant à eux, pourraient se complaire dans l'autosuffisance. Ici, l'Etat pourrait donc se présenter comme un motif d'aliénation de l'homme dans la société, au lieu de motiver sa stimulation.

Dans un contexte sociétal de personnes, pour faire référence à la société, composée de communautés définies par les principes d'intérêt commun et d'organisation hiérarchisée, pourrions-nous valablement nous en prévaloir du titre si nous n'en tenons pas compte justifiant de la quête si importante des richesses ? Et dans qu'elle catégorie irions-nous loger un système dans lequel des unités de production à la recherche du profit maximal à la suite de réflexions mûries iraient chercher, former et employer des personnes marginalisées pour accélérer leur production tout en veillant à améliorer aussi les conditions de vie de ces derniers ? Comment définirions-nous un moyen efficient de création des richesses, un régime économique et social où l'objet social d'une unité de production se confondrait à son objectif social ou objet sociétal c'est-à-dire à son aspect social en faveur de l'intérêt général débouchant alors sur un objet social sociétal ? Que serait-ce, sinon du communautarisme dont il s'agit.

Le terme communautarisme vient du latin « communis », formé de « cum », qui signifie « ensemble » et de « munus » signifiant « charges, problèmes, dettes ». Et donc, d'un point de vue étymologique, le communautarisme désigne le fait de se mettre ensemble pour affronter les problèmes communs.

Au fil du temps, le concept va évoluer et aura une connotation plutôt négative. En effet, pour les communautaristes, l'homme ne peut se délier de son histoire et de sa culture. La communauté précède l'individu et rend la recherche de l'idéal partagé, plus important que la défense de la liberté individuelle. Nous considérons que l'identité de l'individu ne peut se construire qu'au sein d'une communauté dans laquelle il peut trouver les ressources et l'estime de soi nécessaires à son accomplissement.

Etant donné que ce sont les Occidentaux qui nous ont dicté leurs lois pendant longtemps et ont voulu faire de leurs valeurs des notions universelles, nous comprenons pourquoi le mot « communautarisme » revêt un caractère péjoratif. Cette philosophie va à l'encontre des conceptions libérales occidentales, qui estiment que pour se développer l'individu n'a nul besoin de s'appuyer sur des cultures ethniques, sources d'enfermement ou de sclérose. L'occident prétend que la culture africaine ne connaît pas la notion de liberté et ne connaît que celle d'autorité, ce qui expliquerait la soumission des Africains aux régimes autoritaires[31].

Dans l'environnement culturel occidental, la liberté est un attribut naturel de l'être humain, une valeur fondamentale en dehors de tout contexte social ou historique. L'homme a donc le droit d'exister, de vivre, de penser, d'adopter la religion et la philosophie de son choix, d'exprimer librement ses opinions…

Contrairement à cet ordre d'idée, l'idéologie africaine traditionnelle n'a pas placé l'homme au-dessus de la société. L'individu et le groupe sont intimement liés et ne sauraient se désolidariser dans une structure. C'est pour cette raison que dans notre système de pensée liberté et solidarité sont une seule et même chose. En Afrique, la liberté s'exerce dans le groupe. Comprenons ici que nous ne pourrions pas prétendre à l'exercice de notre liberté sans tenir compte de notre prochain.

Lors d'une causerie débat, comme on en a l'habitude avec des amis, il était ressorti en guise de réponse à la pensée libérale, que ce sont les nations qui ont maîtrisé

---

[31] Marcien TOWA dans **Essai sur la problématique philosophique dans l'Afrique actuelle** édité aux Editions CLE en 1979, à ce sujet déclare que : « Pour Hegel au contraire, c'est précisément parce que l'Occident est libre qu'il est fondé à asservir le monde. Puisque c'est la liberté qui confère des droits à l'homme, les peuples privés de liberté sont aussi sans droits et tombent au rang de la chose sans valeur. C'est, selon Hegel, le cas des Nègres dans les pays desquels il suppose un esclavage si total et si dégradant que la traite des Nègres organisée par l'occident libre est présentée comme un progrès et un bienfait. « L'esclavage a fait naître plus d'humanité parmi les Nègres. » L'Occident antique a inauguré la philosophie et l'histoire et cette inauguration signifia pour les peuples d'Orient la perte de leur souveraineté, et même de leur droit à la souveraineté. » P.21

leur culture et leur tradition, qui ce sont le mieux développées et maintenues. Nous avons souligné comme exemple, les chinois, les Japonais, les juifs, les peuples bassa'a, les peuples bamilékés, les peuples du nord Cameroun…

Nous ne pouvions en effet, parler de développement des nations à partir de la culture et la tradition, en contexte camerounais en omettant le cas des bamilékés, des bassa'a et des peuples du septentrion pour ne citer qu'eux. Ces nations appartiennent à celles qui font la fierté du Cameroun. Elles ont réussi à se développer et à se maintenir, en s'inspirant de leur culture et en pratiquant les enseignements traditionnels, notamment par des méthodes de commerce et donc, économiques novatrices. Elles se sont aussi imposées sur un plan politique. Nous notons que ce sont elles, qui nous apprennent au quotidien que chaque chose doit-être à sa place et que nous nous devons en tout état de cause de respecter la hiérarchie. De ces peuples viennent les vrais nationalistes, car, attachés à des valeurs traditionnelles ils s'identifient au groupe et ils s'y assimilent.

Lorsque le développement d'une société est basé sur les traditions, il est aussi éthique et moral. C'est à ce modèle de développement que nous aspirons.

Nous notons toutefois une certaine ambiguïté dans l'esprit de certains jeunes sur le fait traditionnel. De nos jours, lorsqu'un jeune parle de la tradition, on ressent comme une interprétation vague, floue et superstitieuse de son esprit sur ce concept et qui l'éloigne nécessairement de sa propre réalité.

Qu'est-ce que la tradition ? Par la tradition, on véhicule des expériences, des enseignements et des modes de vie du passé, parce que jugés inaltérables dans le temps, afin d'orienter la pensée. La tradition est donc un héritage par voie orale ou par l'exemple des expériences ou des enseignements du passé, parce que jugés toujours vrais et inaltérables, dans le but de véhiculer des idéaux permettant à l'homme et à la communauté de perdurer. Nous avons donc des traditions à tous les niveaux de la vie sociale.

Nous avons par exemple des traditions écolières. Remarquez qu'il y a certaines chansons d'école qui ont été chantées par nos parents, par nous-mêmes et aujourd'hui par nos enfants, comme une tradition transmise. Il y a des traditions chrétiennes. Le fait est qu'en prenant la communion (liturgie catholique romaine) au moment indiqué, on pratique un rite traditionnel ; et les contes et les histoires bibliques sont autant d'enseignements traditionnels qu'il pourrait y avoir d'idéaux humanistes à transmettre.

Nos traditions n'ont jamais fait l'apologie d'un repli de l'homme sur lui-même, mais plutôt d'une manière adéquate de vivre entre les membres d'une même communauté. Encore, faudrait-il définir les limites de cette communauté. Aussi, nous rappelons qu'il sera toujours question de mieux se connaître pour pouvoir en apporter aux autres. Nous partirons alors d'une communauté ethnique à une communauté tribale, puis une communauté nationale, une communauté régionale, une communauté continentale pour aboutir à une communauté internationale. Il n'est pas donc question de restriction, mais bien d'intégration sous réserve de la préservation de valeurs essentielles à la pérennité de l'humanité. Toutefois dans le cadre précis de cet ouvrage, nous discutons de communauté nationale.

Nous considérons qu'une société où chaque jour et davantage l'on veut libéraliser la conception des valeurs, des idées et des notions, risque fortement de devenir anarchique. C'est dans nos traditions que nous irons rechercher l'enseignement nécessaire et si essentiel en faveur de l'humain. La tradition est un appel au souvenir, afin de s'en inspirer au présent et savoir orienter l'avenir. La tradition est une boussole. Les sociétés qui ont su rester attachées à leurs traditions et cultures, sans toutefois ralentir leur développement, n'ont pas perdu de vue les choses si essentielles à la préservation de l'humanité. La culture s'exprime au nom du progrès et non de l'enfermement (cf. chapitre 9). C'est dans nos traditions et cultures que nous trouverons les mobiles suffisamment pertinents pour que nous prenions toujours en compte notre prochain. Nous ne manquerons pas ainsi, de motiver le riche à introduire le moins riche dans son processus de production de biens, pour un progrès communautaire.

A propos de ce qui devrait concrètement motiver toutes ces démarches, Abdoulaye WADE déclare que : « Nous pouvons définir l'idéologie comme étant un référentiel cohérent interprétatif de principes et générateur d'un système politique, d'un système juridique et d'un système économique. L'idéologie est essentiellement explicative et, en tant que système, peut être soumise aux ressources de la raison ; elle autorise la spéculation. Laquelle peut faire de l'individu qui se coupe des réalités et se soumet à ses règles tyranniques un idéologue au sens péjoratif du terme. Par contre, la doctrine est un système cohérent interprétatif d'opinions et générateur d'actions. De l'idéologie à la doctrine, la différence est celle qui existe entre spéculation et action. Mais, de la même façon que précédemment, l'individu esclave de la doctrine devient un doctrinaire, au sens péjoratif du terme[32]. »

C'est-à-dire que, l'assimilation de l'idéologie à laquelle nous nous identifions (le communautarisme) devrait produire un système économique, encadré par un système juridique et motivé par un système politique.

---

[32] Abdoulaye WADE : Un destin pour l'Afrique. Editions Michel LAFON P.87

En effet, dans ces dispositions, nous pensons qu'il serait profitable aussi bien pour les conquérants de richesses abondantes, pour les personnes moins disposées à ces aspirations, que pour les personnes en marge de la société de trouver des mobiles économiques capables de justifier d'une telle approche. C'est-à-dire que les esprits les plus bons portent à contribution ceux qui le sont moins, afin de bâtir et de créer des opportunités par le biais d'une méthode rigoureuse sous réserve d'un partage équitable des richesses.

C'est alors que certains esprits avertis se demanderaient : communautarisme comme tendance néo-esclavagiste ? En effet il serait illusoire de penser, considérant la nature humaine, que certains esprits cupides n'iraient pas instrumentaliser des personnes sensibles et peu éveillées justifiant du statut de communautariste. Le communautarisme ne vise pas l'exploitation de l'homme par l'homme pour le profit, mais manifeste le souci du devoir de solidarité des uns envers les autres dans le but d'une émergence communautaire entendue ici comme le fait que toutes les composantes de la société puissent s'assumer sous réserve de récompenser à juste titre chaque maillon de la chaîne.

C'est de là que va se justifier le rôle de régulateur et de contrôleur du pouvoir de tutelle et des organismes sociaux nationaux et internationaux afin de garantir le respect de la dignité humaine.

Cependant dans une société de droit où doivent s'affirmer les opinions de chacun et où chaque personne a le droit de refuser un contrat qui ne l'arrangerait pas. Quel serait l'intérêt pour un preneur de risque en quête de profit de disposer ses ressources si durement rassemblées pour une catégorie de personnes dont il ne peut garantir la disponibilité une fois les aptitudes professionnelles acquises ? Quelles garanties offrirait-on aux entrepreneurs ? La réponse est toute simple ; aucune.

L'une des caractéristiques des projets au développement comme bien immatériel ou impalpable est qu'on ne peut déterminer à l'avance leurs réussites et fiabilités totales. C'est la raison pour laquelle le communautarisme va reposer sa raison d'être et l'espoir de sa réalisation sur la volonté, la participation efficace et l'effort de tous les acteurs animant la vaste communauté que nous constituons régie par une autorité de tutelle.

Les organismes sociaux auront donc à charge d'orienter leur énergie vers la culture de la ressource humaine et la mise à disposition de cette culture auprès des unités de production de biens et services. Le communautarisme se verrait alors comme étant un système doctrinal qui préconise la mise en commun et la synchronisation de plusieurs systèmes de gestion en vue d'un équilibre social.

Les principes directeurs de ce système de pensée s'articulent donc sur trois points essentiels. Le premier est la recherche du profit d'où l'importance des unités de production de richesse. Le second, est le souci du devoir de solidarité d'où l'action des organismes sociaux en faveur des plus démunis et des marginalisés. Et le dernier est le respect de la dignité humaine d'où la régulation et le contrôle exercé par l'Etat. Tout ceci en vue d'une émergence communautaire entendue ici comme le but ou l'intérêt citoyen national.

Nous pouvons donc, d'un point de vue purement idéologique, définir le communautarisme comme étant une attitude d'intériorisation d'un individu pour une assimilation au groupe auquel il se subordonne. Et d'un point de vue doctrinal, comme un système dans lequel le libre jeu de l'entreprise se développe selon des principes solidaires, moraux et éthiques ou, toute attitude d'interdépendance par rapport à autrui et de non-tolérance à l'égard d'opinions exclusives ou individualistes.

Nous ne doutons donc pas que l'assimilation de cette philosophie qui se veut clairement définir notre place en tant qu'individu dans la société et par surcroît dans l'univers, inspirera la conception d'un système politique établissant des institutions nouvelles, des règles définissant la source et la répartition du pouvoir ; d'où, nous établirons un ensemble de conventions, des contrats, des obligations, des rapports entre les citoyens, entre les citoyens et les biens, entre les citoyens et l'Etat, c'est-à-dire un système juridique ; et de ce système juridique nous espérerons l'avènement d'un système économique novateur définissant les règles et les procédures de production, de répartition, de distribution et de consommation des richesses, pour une intégration de toute la société.

Nous réclamants communautaristes, nous ne nous reconnaissons pas dans la définition ou l'interprétation qui est faite de nos jours du communautarisme. Ailleurs, quand on parle de tendances communautaires, on les assimile à des attitudes de repli sur soi. Par contre chez nous on désigne, à titre d'illustration, par attitudes, transports et discours communautaires, tous ceux-là qui ont vocation à intégrer tout le monde pour la résolution de difficultés communes. Parce que la difficulté de l'autre est aussi la nôtre. Ainsi, les valeurs et les idéaux que nous prônons n'induisent pas un repli sur soi même ou des communautés sur elles-mêmes. Nous ne sommes pas contre le monde, nous souhaitons juste être intégrés.

Chapitre 5
Le libéralisme communautaire de Paul Biya

En 1987, le président de la République du Cameroun, son excellence monsieur Paul BIYA, publiait un livre, fruit de son engagement à la cause du développement de l'Etat et sa dévotion au service des Camerounais, intitulé : *Pour le libéralisme communautaire*. A l'intérieur de l'ouvrage, le Président de la République, dans un souci de se rapprocher de ses concitoyens, exprime clairement toutes les démarches qu'il aura à entreprendre à l'intérieur du Cameroun et au-delà, dans le seul intérêt des Camerounais.

Vision novatrice d'un nouvel aménagement politique, culturel, social et économique, devant conduire le renouveau camerounais, le libéralisme communautaire est avant tout, le libellé de la doctrine que prône Paul BIYA pour son parti politique, le RDPC[33] – qui est parti unique à ce moment-là de la vie nationale –, au service de l'Etat camerounais. Nous parlerons donc, du libéralisme communautaire en tant qu'idéologie et doctrine et de Paul BIYA en tant que penseur idéaliste.

En effet, dans son ouvrage, Paul Biya soutient la thèse d'un développement de l'avoir, subordonné à celui de l'être. Il parle du libéralisme communautaire, comme d'un système de pensé devant, mettre l'homme au centre de toute chose, un système de pensé capable d'enfanter une société au service de l'homme et non le contraire.

---

[33] Rassemblement Démocratique du Peuple Camerounais

Des faits sus cités, nous décelons des similitudes significatives entre le libéralisme communautaire et le communautarisme que nous prônons.

En effet, les principes cardinaux de la doctrine du RDPC qui sont la liberté d'entreprendre, la fonction régulatrice d'un Etat démocratique et le devoir de solidarité, s'apparentent à ceux du communautarisme que nous avons défini plus haut (cf. chapitre 4). Le libéralisme communautaire, lors de son arrivée, a eu un impact sans pareil auprès du lectorat public. La caractérisation de cet oxymore, au sens ambigu, par son mandataire avait mis tout le monde d'accord dès le premier abord et laissait espérer l'avènement d'une nation forte.

Etant donné la mise en œuvre de la doctrine du parti au pouvoir, le RDPC, par ses militants et le constat désagréable que les objectifs poursuivis par ces derniers, comme la rigueur dans la gestion des affaires diverses et la moralisation des comportements n'ont pas été atteints, nous nous questionnons sur le possible échec du communautarisme en contexte camerounais.

En effet, dans notre pays les fléaux comme la corruption et le népotisme gangrènent la société. Nous n'avons pas pu créer en chaque Camerounais les conditions d'une conscience nationale si profonde que l'attachement primaire et instinctif aux valeurs et intérêts tribaux et régionaux ne puissent perturber. Nos infrastructures de transport et de communication ne reflètent pas le statut de l'Etat camerounais auquel nous voulons aspirer. Notre système éducatif n'enseigne pas suffisamment notre propre histoire, tout en ne rapprochant pas suffisamment les uns de la réalité sociale d'autre qui n'ont pas les mêmes chances et donc manque de susciter l'éveil d'une profonde conscience nationale au sein de la jeunesse. La performance de nos administrations et de nos services publics, motivée par une absence de compétitivité, laisse à désirer. Malgré les moyens mis en jeu, l'essor des zones rurales n'est pas partout favorisé par une politique de désenclavement de l'arrière-pays. Il reste encore beaucoup à faire quant au soutien accordé aux petites et moyennes entreprises et au développement de l'industrie lourde. Le recours sans cesse à l'expertise externe nous prouve que nous ne maîtrisons pas encore la science et la technologie. Le sous-développement mental et culturel reste notre plus grand déficit.

Aussi, nous notons tout de même une baisse significative des détournements des fonds publics motivés par une volonté politique à travers des initiatives comme la mise en place du budget programme – attribution de moyens spécifiques, fonctions de programmes spécifiques – depuis 2007, au détriment du budget de moyens – octroi de crédits sans portefeuille ou objectifs spécifiques à poursuivre – et des actions comme « l'opération épervier » qui consiste à punir sévèrement toute personne se rendant coupable de détournement de deniers publics et la création du TCS[34] et de l'ANIF[35]. L'Etat maîtrise mieux ses finances. Nous n'oublions pas la commission nationale anti-corruption (CONAC) qui fait un travail remarquable.

S'inscrivant dans le même registre de pensée qu'Ebénézer NJOH MOUELLE, Paul BIYA pense que la conception idéale du développement serait celle qui permettrait l'essor ou l'émergence des hommes créateurs, parce que libres et capables de le demeurer. Bien que nous adhérions à ce point de vue, nous décelons quelques incompréhensions de la part de certains Camerounais.

En effet, nous avons réalisé l'exploit de faire de l'administration publique et des organes étatiques, le lieu par excellence de l'accomplissement et de la réalisation des hommes dans la société. Tout le monde veut faire partie de l'administration publique, ou veut travailler pour l'administration publique, pas plus par vocation au service

---

[34] Tribunal Criminel Spécial
[35] Agence Nationale d'Investigation Financière

communautaire, que par recherche du privilège. C'est ainsi que des hommes d'affaires confirmés, voudront travailler pour l'administration publique ou pour le gouvernement. Les fonctionnaires se constitueront eux aussi peu à peu en des hommes d'affaires.

Au Cameroun, les personnes ayant pu accéder à des hauts postes de direction dans la fonction publique ne ménagent aucun effort pour s'y maintenir. Ils le justifient parfois, du fait que les masses ne sont pas assez outillées ou pas assez expérimentées et pas assez aptes à comprendre les subtilités de la chose publique. Il nous paraît pourtant évident que si l'on prend la précaution d'user d'un langage issu des registres particuliers uniquement perceptible par les seuls diplômés en sciences politiques et en sciences économiques, il va sans dire qu'on pratique une politique d'exclusion justifiant alors que les masses ne peuvent qu'être dirigées.

Mais, si au contraire, on parle un langage accessible à tous, on donne l'opportunité à l'autre de comprendre ce qu'on veut dire et on s'aperçoit qu'il l'assimile bien. On pourra alors, se rendre compte que même le moins ou non diplômé peut comprendre la chose publique, réellement s'y intéresser et même la gérer. A partir de là, qu'est-ce qui justifierait encore de rester accroché à des privilèges par le biais de certaines fonctions et ne pas donner la possibilité aux autres de se libérer ou d'exprimer leur savoir-faire et savoir-être.

Si nous voulons permettre à l'homme de s'épanouir dans la société, si nous aspirons à un Etat démocratique où tout le monde participe à la gestion de la chose publique, le gouvernement national doit être gouverné par le peuple et pour le peuple, par les déshérités et pour les déshérités, par la masse et pour la masse et non par les élites et pour les élites. Il ne faut pas pratiquer une politique d'enfermement et de conservatisme et se comporter comme le feraient des libéraux dans la communauté.

Ce n'est pas à dire que nous aspirons nécessairement à un gouvernement populiste. Mais, « d'une façon générale, notre destin culturel, tout comme notre destin économico-politique dépend des masses africaines beaucoup moins assimilées que la minorité bourgeoise qui les domine. Leur intervention dans le processus de transformation radicale exigée par la situation actuelle allumerait l'incendie dans lequel se consumeraient tous les éléments morts de nos cultures et se purifieraient leurs éléments vivants, ceux qui impulsent et accélèrent notre mouvement ascensionnel, au lieu de le freiner ou le dévier[36] ».

Dans ce même ordre d'idées, justifiant du fait qu'ils soient les plus éclairés et se comportant ainsi comme des libéraux dans la communauté, parce que « créateurs, libres et capables de le demeurer », l'élite étatique se constituera aussi en élites culturelles et traditionnelles. En effet, au Cameroun, la plupart des hauts commis de l'Etat sont des chefs traditionnels. Pas plus parce qu'ils sont à leur place naturelle, que parce qu'ils ont beaucoup d'argent dont la provenance est en grande partie issue des caisses de l'Etat.

Ceci n'est pas à dire que la fonction d'élite étatique ou gouvernementale est incompatible à celle d'élite culturelle et traditionnelle, nous tenons juste à signifier la franche distinction qu'il y a entre les deux concepts.

L'idéologie doctrinale au service de l'homme sur laquelle reposerait la construction d'une nation forte, devrait de manière beaucoup plus spécifique enseigner à l'homme les trois dimensions à assimiler dans le fait national.

La première est la conscience nationale qui se traduit par le partage d'un passé commun et une volonté d'être

---

[36] Marcien TOWA : Essai sur la problématique philosophique dans l'Afrique actuelle. Editions Clé. P.51

ensemble et de le demeurer fondée sur des aspirations communes. Cette conscience nationale est le fait de s'affirmer être camerounais avant de s'identifier à toute autre ethnie.

Elle devrait s'acquérir du fait de sa naissance sur le territoire camerounais ou de son lien de sang avec un Camerounais, et être confortée par la connaissance du passé de l'Etat et de la nation tout entière. De par ce fait conscient, nous pouvons nous identifier à notre concitoyen et mieux envisager un avenir en commun. Il est donc nécessaire que nos programmes éducatifs – du primaire au supérieur– soient plus axés sur la connaissance de notre passé, afin que les jeunes soient conscients de tous les sacrifices consentis par leurs aïeuls pour que la nation camerounaise soit. Cela devrait contribuer à les décider à s'engager pour que l'héritage légué soit pérennisé et de ce fait, ne laisser aucune tentative externe et interne venir perturber notre paix aussi chèrement acquise et préservée jusqu'à lors.

Nous avons ensuite la personnalité nationale. C'est l'identité acquise au sein de la société, du simple fait de son appartenance à celle-ci ou du fait de sa participation à la vie de l'Etat, par le biais de son insertion sociale ou de son occupation qui permette de nous rendre compte que nous sommes intégrés dans la société. C'est le cas d'un fonctionnaire de l'Etat, d'un homme d'affaires, d'un vendeur à la sauvette, d'un mécanicien…

Par l'exercice d'un travail, nous signifions notre utilité à la communauté. Le travail constitue le motif explicite de notre participation à la construction de notre pays et à la consolidation de l'unité nationale. Par lui, nous sommes utiles à notre concitoyen et donc, il nous est redevable. L'assimilation de la personnalité nationale, nous permet de nous rendre compte que nous ne sommes qu'un élément d'un tout, quel que soit le niveau où nous nous trouvons et nous pouvons alors nous rendre compte de l'importance de notre semblable. Il se crée alors un lien fort entre les éléments du tout et l'unité nationale se trouve ici confortée.

Et enfin, nous avons l'identité idéologico-culturelle qui fait référence au déterminisme naturel et incessible, auquel est rattaché tout individu du fait du soubassement territorial, de la tribu et de l'ethnie à laquelle il appartient.

En contexte camerounais, on parlera alors ici et là d'un Ewondo, d'un Ngumba, d'un Bassa'a, d'un Nanga… Mais au-delà de cet aspect culturel de l'individu, cette identité nous renseigne sur le caractère essentiel de ce qui nous définit en tant qu'entité et que nous avons en commun avec autrui. Elle nous informe aussi sur notre statut dans une structure de personnes, fonction de notre position hiérarchique et de notre quotient mental et spirituel. Nous connaissons ainsi quelles sont nos possibilités et nos limites, et quels sont nos devoirs, aussi bien par rapport à nous-mêmes que par rapport à la communauté. Pour nous, africains, c'est dans nos traditions que nous irons rechercher les enseignements nécessaires pour nous rendre compte de cette réalité.

L'être est plus épanoui dans son environnement et la nation s'accomplit lorsque ces trois dimensions distinctes se trouvent synthétisées.

Nous assisterons donc bien ici à un paradoxe, pour une société qui se veut communautaire et au service de l'être, quand du fait de leur réussite dans la société les uns iraient empiéter sur la liberté des autres. Lorsqu'une personne n'est définie que par son avoir et son métier ou son occupation et quand certaines personnes bloquent les mécanismes étatiques faisant par la même occasion de l'Etat, un motif d'aliénation dans la société. En fait, la véritable problématique est, de définir pour nous, la forme et la finalité de l'Etat.

Ceci étant, il est vrai que ces conceptions libérales de la vie de groupe, se trouvent enracinées dans la plus petite et essentielle cellule de nos communautés. Dans nos familles contemporaines, lorsqu'une personne acquiert une certaine capacité de financement, elle devient aussitôt la plus éclairée. Bien que ce thème déborde largement le cadre de notre essai, nous pensons que les problèmes d'ordre sociaux et nationaux peuvent trouver des essais de solutions dans l'analyse des situations qui surviennent dans la cellule familiale ou la famille en général, en remettant chaque élément à sa place. C'est toujours ici, un rappel aux fondamentaux.

Juste à titre d'illustration, pour ne pas rester nécessairement vague, prenons le cas de ces familles-là plus ou moins nombreuses, où du fait des raisonnements des uns et des autres, une seule personne parmi les enfants a pu atteindre une certaine aisance financière. On se rendra compte qu'en évoluant, les écarts sociaux entre les frères se renforçant davantage, si rien n'est entrepris, finiront par occasionner de la méfiance, de la jalousie et de l'aigreur de la part de ceux qui ont eu le moins de chance à l'endroit de celui qui s'est réalisé. Ces sentiments négatifs s'empreignant nécessairement sur leurs enfants, la personne qui aurait réussie, subissant d'incessants assauts pourrait se sentir inquiétée par les autres. On pourra alors la voir au village, ériger une imposante clôture autour de sa belle concession parce que trop remarquable parmi les autres, moins attrayantes et se privant par la même occasion de la lumière du soleil.

Le fait est que, lorsqu'une communauté manque d'homogénéité et que le déséquilibre social se fait trop ressentir, on en arrive à une fracture. A terme, et ne se sentant plus à sa place parmi ses frères parce qu'ayant essuyé trop de mauvaises expériences (les injures, les menaces, le mépris, la médisance…), celui qui aura tout réussi se délocalisera en quête de quiétude, pour aller élire résidence dans un autre village faisant par la même occasion de ce dernier son nouveau chez soi.

Par ce procédé la famille perd de sa consistance et, parce que celui-là qui en a eu plus que les autres n'en a pas fait autant, tend à demeurer médiocre. Et c'est ainsi que des villages ou des ethnies s'appauvrissent et même souvent disparaissent emportant avec elles leurs cultures et traditions, privant ainsi par la même occasion la tribu de ce qu'elles pouvaient apporter d'excellent pour sa prospérité.

Cependant, nous tenons à préciser qu'en ce qui nous concerne, en faire plus pour les autres ne se limite pas nécessairement ou exclusivement à combler ceux-ci de biens matériel et financier pour leur émancipation ; mais plus encore, à leur en révéler davantage sur leur potentialité propre pour leur accomplissement en sollicitant d'eux les moindres aptitudes et capacités dont ils sont dépositaires.

C'est l'une des raisons pour lesquelles à une échelle plus grande, nous verrons certains de nos concitoyens aller résider en occident, parce que n'ayant plus d'attaches au pays, et prendre la nationalité de leur pays d'accueil, appauvrissant par la même occasion le Cameroun. Ceci n'est pas à sous-entendre que nous pourrions disparaître en tant qu'Etat ; mais nous pourrions disparaître en tant que nation.

Nous sommes liés à des valeurs libérales, parce que nous agissons de manière libérale. La notion de communauté se trouve donc fortement diluée au point de perdre toute sa saveur. Nous n'arriverons pas à assimiler nos valeurs traditionnelles et à les transcrire dans notre quotidien si nous ne pensons pas de façon traditionnelle, si nous n'adoptons pas concrètement une idéologie communautaire ; si nous n'adoptons pas une idéologie d'intégration.

L'idéologie motive l'action et le fait que nous, camerounais, et plus généralement nous africains, n'ayons pas jusqu'à présent réalisé notre idéal de développement économique et social est en grande partie dû à un défaut d'assimilation idéologique.

Le fait que des étrangers nous aient fait comprendre que nos idées, nos valeurs et nos principes, rattachés à nos modes de vie, sont négatifs et conscient de la nécessite d'une idéologie pour un peuple, nous nous sommes enlisés dans des conceptions idéologues savantes qui au final n'ont pas pu sortir les africains de leur indécision stérilisante.

Parmi ces idéologies et/ou doctrines, qui se sont employées à atténuer, nuancer, et diluer notre réalité, plus pour contenter les autres que pour nous affirmer, nous pouvons citer le socialisme existentiel de Léopold SENGHOR ; le nationalisme panafricaniste de NKRUMAH ; le socialisme africain appliqué au Mali avec Modibo KEITA et en Tanzanie avec Julius NYERERE ; le neutralisme positif de Sékou TOURE ; le libéralisme communautaire de Paul BIYA ; le panafricanisme libéral d'Abdoulaye WADE…

Il ne nous paraît cependant pas indiqué, de faire ici, une fastidieuse litanie analytique des conceptions idéologiques d'intellectuels africains. Si tel était le cas, il nous aurait aussi fallu revoir l'intitulé de notre ouvrage, qui ne serait plus alors adapté, et nous le remplacerions par : Théorie sur une idéologie africaine. Nous remarquons juste que toutes ces idéologies, ou presque, reposent sur des valeurs d'identité traditionnelle et de solidarité.

Toutes ces conceptions idéologiques ayant pour seul objectif de refléter la réalité africaine, n'ont pas permis aux africains de pleinement s'accomplir et de se réaliser.

Preuve est faite au vu du mal-être économique, social et politique de la plupart des pays africains. Serait-il à sous-entendre qu'il n'y a pas consensus au niveau de la définition de l'identité africaine ? Serait-il à sous-entendre que les Africains vivants la même réalité en fondent des interprétations diverses ?

Il y a un défaut d'assimilation idéologique parce que toutes les idéologies proposées jusqu'ici ne reflètent pas précisément et sans ambiguïté notre conception de la réalité africaine. Car, si tel était le cas nous aurions certainement assisté à un réaménagement de notre structure sociétale, permettant à terme que chaque citoyen en ait selon ses besoins.

Lorsqu'on voudrait poser un acte en tant qu'individu, il se met en place dans notre esprit un ensemble de mécanismes allant de la volonté de poser l'acte, à la programmation de l'acte pour que nous puissions en apprécier les manifestations visibles. Tout ceci étant fonction de nos idées et principes. De la même manière, l'homme structure sa société en différents niveaux de références liés les uns aux autres. Nous pouvons ainsi distinguer trois niveaux de références.

Le premier niveau de référence s'assimile au système idéologique. Ici, on définit l'être en tant qu'entité à part entière et on situe sa place dans la société et plus généralement dans l'univers.

Le second niveau de référence qui a deux composantes s'assimile aux systèmes politique et juridique. Dans le système politique, on exprime la nature des institutions et les règles définissant la source et la répartition du pouvoir. Et dans le système juridique, on définit les droits et obligations ; les règles des contrats sociétaux, rapports entre les citoyens, rapports entre les citoyens et l'Etat, entre les citoyens et les biens.

Le troisième niveau de référence s'assimile au système économique. Ici, on définit les rapports entre les unités institutionnelles et les agents économiques en vue de la réalisation d'objectifs économiques.

Ainsi le système économique s'induit des systèmes politiques et juridiques, qui eux-mêmes s'induisent du système idéologique. Le fait donc que notre structure sociétale, entendue ici comme l'ensemble des systèmes définissant la nature d'une société, soit toujours calqué sur des modèles occidentaux, à vocation libérale, signifie qu'il y a incohérence entre ce que nous pensons avoir comme valeurs et les manifestations qu'elles produisent. Pouvons-nous raisonnablement prétendre résoudre des problèmes d'équilibres sociaux et d'équité en nous fiant à des systèmes qui n'ont pas été pensés pour remédier à ce type de problème ?

Etant donné que les principes sous-jacents du libéralisme communautaire et du communautarisme que nous prônons sont les mêmes, la mise en œuvre de ce dernier, dans un contexte camerounais pour un Etat au service de ses citoyens et une nation démocratique et indivisible, passe par des réformes structurelles.

Chapitre 6
Mise en évidence de l'un des principes du développement : le potentiel humain

Une nation en plein essor a besoin de citoyens pragmatiques qui ont une certaine expansion d'esprit et surtout le courage de prendre des risques. Il faut savoir que dans nos sociétés contemporaines, nous avons plus que jamais besoin de la participation de plus de personnes possibles. Le Cameroun ne saurait se soustraire à cette règle ; il a besoin de reposer la réalisation de son émergence sur la participation de toutes les couches sociales, afin qu'elles deviennent des forces vives dirigées toutes dans le même sens. Ceci est donc l'occasion pour nous, jeunes, de faire des propositions encadrant un projet social qui soit fonction de nos aspirations.

Ceci étant, des agissements disparates et non canalisés, bien que porteurs de bonnes intentions, à la longue, iraient se fondre dans la masse sans impact pertinent sur l'idéal du Cameroun que nous recherchons tant. Il est donc question avant tout d'élaborer des méthodes, des systèmes, de proposer des voies et moyens pour y arriver. L'objet de ce chapitre est de proposer un système de rationalisation de moyens limités pour la réalisation des projets en vue de pallier à de grands besoins.

Par principe, nous entendons une notion importante à laquelle est subordonné le développement d'une suite d'actions. Et allant dans la logique de nos écrits précédents (cf. chapitre 2 et 4), nous allons présenter, certains moyens techniques organisés autour d'institutions juridiques et sociales dans le but de réaliser un équilibre économique et notamment baisser les indices de pauvreté. Parce qu'on ne saurait parler de développement qu'en se basant sur la qualité des infrastructures d'une société et considérant le fait que seuls les efforts conjugués de tous conduiront à la réalisation de grands projets.

Notre projet de mise en évidence du potentiel humain, consistera donc au suivi, à la formation et à l'insertion ou la réinsertion socioprofessionnelle des jeunes qui constituent notre capital humain cible. Nous voulons parler des orphelins, des enfants de la rue, des jeunes détenus, des analphabètes et des jeunes peu scolarisés.

Dans le souci de bien faire comprendre ce système par tout le monde, il est question de décrire son esprit, sa forme et sa technique. Ce système a pour principal objectif d'attirer l'attention et de susciter des débats en vue de l'amélioration des conditions de vie des Camerounais.

6-1 Les mobiles fondamentaux

Les réflexions ayant abouti à ce moyen de production de biens ont été motivées d'une part par un aspect social, et d'autre part par un aspect économique.

Nos rues grouillent d'enfants qui manquent d'encadrement et des jeunes sans domicile fixe que nous nommons de manière vulgaire « enfants de la rue ». On les retrouve surtout dans les grandes villes à proximité des supermarchés ou des laveries de voitures pratiquant la mendicité. Leurs âges peuvent osciller entre sept (7) et vingt-cinq (25) ans. Ces enfants de la rue, faute d'occupation et ayant des besoins, vont peu à peu se livrer à des activités douteuses.

On pourra d'ailleurs retrouver une bonne partie de ces jeunes combler l'effectif des quartiers mineurs dans nos prisons, non sans l'aide de certaines personnes dotées de basse moralité. Dans un rapport d'enquête, sur le phénomène des « enfants de la rue », menée par l'organisation Miroir d'Afrique en 2011 et 2012, il est dit que derrière ces derniers, il se pérennise un réseau de trafic de drogue et bien d'autres encore. Le rapport rend le témoignage d'un de ces enfants qui dit, que des hommes viennent de temps à autre, dans une voiture de marque Mercédès, pour leur vendre de la drogue et éventuellement pour qu'ils en vendent à d'autres personnes.

Ces trafics permettent à bon nombre d'entre eux de survivre tant bien que mal dans la rue et les confortent dans un sentiment d'auto gérance. Ce qui ne peut que les éloigner de plus en plus de leur famille respective. Ces personnes qui profitent de l'immaturité et de la fragilité d'enfants désœuvrés, devraient être poursuivis et punis très sévèrement. Par leur faute bon nombre de ces enfants se retrouvent en prison.

Ces prisons sont de plus en plus peuplées par des jeunes ayant commis des forfaits. Ces derniers sortent généralement de familles dont le niveau de vie très bas aurait motivé l'expression de leur mauvaise personnalité et instinct primitif. Il faut remarquer que le DSCE[37] a mentionné que 40% de la population vit en dessous du seuil de pauvreté. Pour une population dont le taux d'analphabétisme est de 30%, et aspirant à un mieux-être, ceci constitue un grand manque à gagner, surtout que bon nombre de ces jeunes sus cités ne sont pas analphabètes.

Le système pénal camerounais devrait autoriser des alternatives de peine pour les jeunes ayant commis des délits, comme des travaux d'intérêts généraux sous la supervision d'ONG ou d'associations reconnues d'utilité publique. Ces jeunes devront suivre des programmes obligatoires d'insertions socio-professionnelles.

Il ne sert à rien d'envoyer des personnes dans des moulins à brigands, si on considère qu'elles sont vouées à

---

[37] Document de Stratégie pour la Croissance et l'Emploi

sortir un jour ou l'autre ; au risque que cela se retourne contre nous.

En contexte camerounais, lorsqu'une jeune personne en délinquance est condamnée à purger une peine d'emprisonnement ferme, on est presque sûr de tout ce qui pourrait s'y passer, mais jamais nous ne penserions rationnellement qu'elle pourrait en ressortir responsable et utile à la communauté. Pourtant, en théorie, quel que soit le temps mis en prison, à moins d'être condamné à mort, l'intéressé est voué à sortir. A quoi sert-il d'envoyer en prison des personnes sous prétexte de préserver un bon climat social, si une fois sorties elles seront des motifs encore plus pertinents de trouble de ce climat social.

Nous devons aménager les conditions de réalisation de notre projet de mise en évidence du potentiel humain, qui consiste au suivi psychologique, physiologique, à la formation et à la réinsertion socioprofessionnelle de jeunes marginalisés.

Car, si on prend le soin de les mettre dans des environnements adéquats, on se donne plus de chance d'améliorer la conception qu'elles se font de la vie. La vérité est que, les conditions d'emprisonnements sont très dures. Ce qui oblige souvent bon nombre d'entre eux à se donner les moyens d'y survivre.

Tout devient nécessairement plus cher en prison, rareté oblige. Tout s'y vend et tout se vend. C'est la raison pour laquelle, même lorsque certains jeunes se disposent à suivre des programmes de formations professionnelles, il ne leur est pas souvent permis de tenir des cahiers et des stylos en permanence. Très bientôt tout cela aura disparu. Mais la vente de matériels et d'outils dans le but de se procurer un peu d'argent pour subvenir à ses besoins, n'est pas le seul motif de disparition d'outils. Ils servent aussi à la conception d'armes létales. Le fait est que la prison est un endroit où on acquiert des aptitudes aussi extraordinaires que bizarres.

Vous seriez surpris de savoir ce qu'on peut faire d'une simple feuille de papier. Comme quoi il n'y a pas que des montages dans les films télévisés. Le fait est que les menaces dont on peut faire l'objet en prison, peuvent contraindre à se forger une mentalité autorisant des actions, pour le moins, amorales. Comme on dit : « c'est l'occasion qui fait le bandit ». Vous imaginez donc des désœuvrés dont que les conditions ambiantes orienteraient vers le banditisme.

Il est aussi important de souligner que dans notre société, cette catégorie de personnes (celles ayant une expérience carcérale) est souvent assimilée à des rebuts et laissée à l'abandon, et au vu de leur orientation cataloguées en personnes de mauvaises mœurs. Elles inspirent le mépris et même la crainte, des sentiments ne pouvant que contribuer à les marginaliser.

Alors que suite à leurs erreurs, elles auraient peut-être besoin qu'on les rassure, qu'on les guide pour qu'elles mettent tout cela dans le placard des erreurs de jeunesse et se mettent à l'œuvre pour contribuer au progrès de la nation, car nous avons tous des potentialités qu'il suffit de mettre en valeur.

De plus, un jeune issu de familles brisées (cf. chapitre 2) ou un analphabète que l'on forme bénévolement ne peut pas être très exigeant sur son contrat de travail au début de sa carrière. Le fait de former et d'employer des personnes dans l'exercice de métiers spécifiques ne peut être que bénéfique dans le sens de l'augmentation de la masse ouvrière de l'entreprise et de ce fait, de son rendement. De plus, nous devons penser dans notre intérêt à la conception des systèmes cadrant de manière spécifique avec nos réalités pour une réelle efficacité.

Ceci n'est pas à dire que les faits sus cités sont spécifiques à la société camerounaise. Même dans les pays dits développés il y a des clochards, des mendiants, des SDF[38], des ROM, des enfants de la rue. Nous souhaitons juste souligner le fait que trop peu d'attention est accordée au sujet et recommander que le plus de personnes possibles s'y investissent.

De quelle manière, demanderiez-vous ? A notre avis, des organisations de la société civile, devraient naître ou si c'est déjà le cas, devraient se mettre ensemble pour concevoir des programmes d'encadrement et de réinsertion socio professionnelle des enfants de la rue. Ceci sonne encore comme un appel à la responsabilité des uns vis-à-vis des autres.

Dans toute société, un individu est voué à s'épanouir et à s'intégrer au risque d'en arriver à être un fardeau ou une obstruction au progrès de ladite société. L'individu est donc soumis à ce que nous pouvons nous représenter comme étant trois cercles concentriques, lui-même étant au centre, destinés à le contenir et à l'orienter pour qu'il serve sa communauté.

Au premier cercle nous avons la famille ; au second, c'est la société civile ; et le troisième cercle est représenté par l'Etat. Le fait de trouver un enfant déambuler dans la rue signifie explicitement que le premier cercle est brisé. Il est donc naturel que la société civile prenne le relais. Et lorsque cette dernière échoue dans sa mission et que l'Etat, lui aussi, n'arrive pas à contenir l'intéressé, nous verrons alors se manifester le grand banditisme et même le terrorisme.

C'est la raison pour laquelle nous qualifions notre capital humain cible de jeunes issus de « familles brisées ». Car n'étant pas encore immergé dans le grand banditisme, il est de notre responsabilité d'intervenir pour

[38] Sans Domicile Fixe

le contenir sous réserve du constat que la famille a échoué dans cette mission.

6-2 La forme du système

Afin de satisfaire toutes les parties, sous-entendues ici comme étant la famille, la société civile et l'Etat, dans la jouissance de leurs libertés, nous allons proposer un ensemble d'éléments juridiques et institutionnels formant le cadre des activités économiques.

Les groupes se portant volontaires pour la promotion des potentialités des analphabètes et des personnes issus de familles brisées devront répondre aux dispositions de la loi portant création et administration des ONG[39] ou de la réglementation en vigueur portant liberté d'association, ce qui pourrait leur conférer le droit de recevoir des dons, des legs et même des subventions dans le cadre de leurs activités après avoir prouvé leur valeur.

Les entreprises recevant de nouveaux employés devront être de préférence du secteur privé (les entreprises individuelles et les sociétés de personnes) et les mesures de protection sociale au profit des intéressés devront répondre à la réglementation en vigueur vis-à-vis des travailleurs relevant du Code du travail.

Tout ceci ne pouvant se faire sans le soutien et le contrôle de l'Etat, et aussi pour plus d'efficacité dans le processus relativement complexe de la formation des jeunes issus de familles brisées et les analphabètes, nous émettons le souhait de la création par les autorités compétentes d'un bureau pour l'alphabétisation.

Ce bureau aura entre autres pour rôle, l'évaluation et le soutien des organismes et des entrepreneurs sociaux dans l'optique de l'éducation de la population désœuvrée en phase avec les options politiques et économiques de l'Etat

[39] Organisation Non Gouvernementale

et des besoins futurs de ce dernier. Sinon, les services sociaux et les services de la formation professionnelle peuvent constituer de bons supports.

6-3 Les procédés d'obtention des biens

Dans cette vision, il faut garder à l'esprit que ce sont les analphabètes et les jeunes issus de familles brisées qui sont les principaux acteurs, ils constituent le capital humain au centre des initiatives, ils sont à la base de la production des biens. Pour pouvoir obtenir des biens, il va falloir exécuter des procédés relativement simples et faciles à comprendre. Nous aurons besoin, pour la bonne marche de notre système, des acteurs suivants :

I : De l'Etat (les administrations publiques)

Il constitue la légitime compétence dans l'optique du contrôle des actes sociaux et économiques.

Nous pourrions accessoirement avoir besoin, pour faciliter le travail des entrepreneurs sociaux, d'un bureau étatique pour l'alphabétisation, afin de soutenir les efforts des organisations non gouvernementales, aux fins de l'éducation des populations désœuvrées. Le désœuvrement étant perçu ici plus, sous un aspect mental que matériel pouvant alors conduire à une perte d'espoir en l'avenir. De plus, l'Etat devra jouer un rôle important dans l'encadrement social de nos jeunes nouvellement réinsérés dans la société sur un plan professionnel.

Nous devons avoir à l'esprit que le pouvoir de décision appartient à l'Etat et que nous ne pouvons être que son partenaire dans l'orientation des décisions à prendre par rapport aux intérêts des citoyens.

Nous ne pouvons pas nous substituer d'aucune manière possible à l'Etat. C'est la raison pour laquelle ce dernier doit prendre en considération nos initiatives si nous voulons espérer les voir se réaliser.

Idéalement donc, il devra être mis en place un vaste plan prospectif de régulation de l'activité économique. Les secteurs d'activités doivent être rigoureusement segmentés en fonction des types de profil d'employabilités recommandés.

II : Des organisations non gouvernementales (les institutions sans but lucratif ou service des ménages)

Elles auront pour rôle d'aller vers les démunis et les jeunes en difficultés pour les motiver et les former à l'apprentissage des métiers techniques (informatique ; bâtiments Travaux publics ; textile ; mécanique…), en vue de faire d'eux des individus indépendants et potentiellement productifs. Elles pourront en guise d'exemple, établir des partenariats avec divers centres de formation.

Ces institutions généralement à but non lucratif, ont une importance capitale dans ce processus, car, elles constituent un carrefour pour tous les acteurs y intervenant, elles peuvent travailler avec des personnes morales de droit privé (les entreprises), afin de savoir quels sont leurs besoins en termes de masse ouvrière ou d'employés, afin que les jeunes nouvellement instruits, formés et aptes ne retombent pas dans des déviances, faute d'orientation. Les besoins sollicités par les entreprises ne pourront trouver satisfaction qu'au prorata des moyens dont disposent les organismes vers lesquels elles se tournent. Ces organismes seront aussi en contact avec l'Etat afin de rester dans la juridiction de leurs actions, s'enquérir des besoins de ce dernier et éventuellement recevoir des subventions pour soutenir leurs actions.

Il s'agit d'un organe d'extension des actions étatiques en faveur de l'amélioration des conditions de vie des populations.

Parlant des ONG[40], nous avons observé une situation de floue dans les esprits d'un certain nombre de personnes composant la société civile, au sujet des organisations non gouvernementales dans notre pays. Il faut savoir que le terme ONG dans notre pays renvoie directement, pour la majorité des personnes qui sont en réalité "mal informées", à des acteurs sociaux travaillant pour l'amélioration des conditions de vie des populations, ceci est par ailleurs le cas de la majorité des pays en développement. Bien que cette définition ne soit pas fausse, nous la jugeons limitée.

Par ONG, nous devrions entendre un acteur social dont l'existence est assise sur le droit privé[41] et dont les actions visent l'amélioration du statut des populations dans tous les domaines. Ce qu'il importe de comprendre c'est que la gestion des affaires diverses, relève de l'intervention de deux catégories d'acteurs sociaux : les organisations gouvernementales et les organisations non gouvernementales. Les ONG trouvent leur essor dans les limites de l'Etat par rapport à ce qu'il se propose de réaliser, face aux besoins de la population sur les plans économique, culturel, éducatif, social... Les ONG sont donc dans l'idéologie libérale, les acteurs de la libération optimale, les responsables d'une nouvelle forme de biens et de services dont l'efficacité doit justifier la minimisation de l'Etat. Le premier défi étant alors celui de la compétence.

---

[40]Organisation non gouvernementale

[41] Forum on Networking: Strengthening relationship between the Commission and Human RIGHTS NGO's from 23-24 July 2001. ROLE DES ONG : création et fonctionnement. Présentation de Madame Pauline BIYONG, Présidente de LEFE

Les ONG, mènent, par définition, des activités privées d'intérêt particulier[42]. Cependant, le contexte devient plus complexe lorsque ces institutions s'incombent les responsabilités d'activités privées d'intérêt général si nous prenons en compte que l'Etat est le lieu de définition de l'intérêt général, et l'on considère que l'action privée en question se situe territorialement dans un espace qui constitue un champ de déploiement de la puissance de l'Etat.

Fondement de la survie de la société, l'Etat se charge de garantir le respect de l'intérêt général qu'il définit comme une utilité collective transcendant les intérêts particuliers par la mise en œuvre d'une puissance de contrainte[43] .

Dans une société comme celle du Cameroun, l'Etat a le monopole de la définition de la garantie de l'intérêt général, mais peut se faire seconder dans cette tâche par d'autres acteurs publics non étatiques et les acteurs privés, ce qui leur confère des statuts complémentaires à celui de l'Etat. Les acteurs privés qui aspirent à gérer l'intérêt général obtiennent de l'Etat une habilitation, une validation de leur ambition à devenir des services privés institutionnellement reconnus comme gérant une utilité publique.

Ceci dit, de manière beaucoup plus spécifique, en contexte camerounais on ne parle d'ONG que si les acteurs sociaux de droit privé menant des actions diverses ont été reconnus, par l'autorité compétente, d'utilité publique. Au Cameroun, il existe une seule catégorie d'acteurs privés auxquels la législation a conféré cette

---

[42] Ibidem.

[43] Forum on Networking: Strengthening relationship between the Commission and Human RIGHTS NGO's from 23-24 July 2001. ROLE DES ONG : création et fonctionnement. Présentation de Madame Pauline BIYONG, Présidente de LEFE

prérogative : ce sont les associations[44]. Ces associations peuvent être reconnues d'utilité publique si leur contribution à la réalisation des objectifs du gouvernement est effective et déterminante. Les missions d'intérêt général sont définies en fonction des priorités fixées par les pouvoirs publics, notamment dans les domaines juridique, économique, social, culturel, sanitaire, sportif, éducatif, humanitaire, en matière de protection de l'environnement ou de promotion des droits de l'homme.

Il n'y a pas d'accès à la qualité d'acteur privé gérant l'intérêt public par auto-proclamation ou par auto-habilitation. On ne peut se conférer par l'improvisation ce qui est institué, organisé, défini et normalisé.

S'associer correspond à un besoin de faire quelque chose ensemble, ce besoin est d'autant plus fort que le pouvoir politique paraît plus éloigné et les institutions sociales plus complexes. L'association peut donc apparaître comme un « contre-pouvoir », un intermédiaire entre le citoyen isolé et les pouvoirs publics, elle permet à chacun d'accéder à une vie sociale.

Il faut savoir que malgré le fait que la loi sur la liberté d'association ait été promulguée en 1990, ce n'est que tout récemment que l'enseignement secondaire a effectivement introduit dans ses programmes des leçons sur les méthodes de création d'association, ce qui pourrait laisser penser qu'au vu de leurs contributions non négligeables, notamment dans le domaine des droits de l'homme, les associations ont acquis un statut de partenaire aux progrès.

Nous citerons par exemple le rapport du Cameroun sur la mise en œuvre de la CEDEF[45] ou de la CDE[46] ou encore celui sur la situation des femmes qui a été présenté à

---

[44]Ibidem

[45] Convention sur l'élimination de toutes formes de discrimination à l'égard des femmes

[46] Convention relative aux droits de l'enfant

Beijing en 1995. La ratification par le Cameroun de la convention sur la torture et les autres traitements inhumains et dégradants a été aussi le résultat de dénonciations faites par les ONG, des exactions commises notamment par la police judiciaire dans le déroulement des enquêtes. Par ailleurs, bon nombre d'associations ont contribué à l'amélioration du statut de certaines catégories de personnes sujettes aux violations de leurs droits en raison de leur situation fragile, nous pensons notamment aux prisonniers et aux enfants.

Suite à tous ces résultats positifs et bien d'autres encore, le statut des ONG a été adopté et l'on est passé de la phase de tolérance à celle de reconnaissance.

Le principal bénéficiaire d'une nation développée est le peuple. Ceci étant, il ne faut pas que nous, acteurs privés, attendions tout de l'Etat. Nous devons faire des choix ambitieux dans l'optique de voir notre pays réaliser son idéal. A notre avis, les associations qui se créent librement sont un des moyens pouvant se révéler décisif en ce sens qu'elles orienteraient leurs actions dans les domaines du social, du culturel et de l'éducatif au profit des enfants issus des familles brisées dont il est question dans cet ouvrage.

Au vu de tous les avantages sociaux que pourraient susciter l'administration d'ONG ou d'associations reconnues d'utilité publique, des moyens alloués à la création et à l'administration de ces organismes, de la flexibilité des emplois de temps de ses mandataires et des potentiels grands bénéfices résultant de ces nobles actions au profit de notre nation, nous émettons le souhait de voir naître de plus en plus d'associations mûrement élaborées en fonction des besoins de la nation pour l'encadrement des jeunes en marge de la société. Gardons toujours à l'esprit que l'éducation façonne le capital humain, maillon principal du développement de la nation.

III : Des entreprises privées (les sociétés non financières)

Elles vont constituer un réceptacle pour le capital humain nouveau constitué par les analphabètes et les jeunes issus de familles brisées passés par le moule formateur des associations ou des ONG précédemment définies. Elles pourront cependant elles-mêmes former les futurs employés. Mais étant donné qu'elles se limiteront exclusivement à leurs besoins propres, ceci ne pourra pas pleinement satisfaire la population et leur champ d'action sera d'ailleurs très limité. Elles devront établir des contrats avec les intéressés et s'assurer de leur encadrement social en collaboration avec les ONG.

Idéalement, l'Etat devra prendre des parts actives dans les entreprises pour leur permettre de mieux se développer, mais aussi assurer la fourniture de biens et services partout où le besoin se fera sentir.

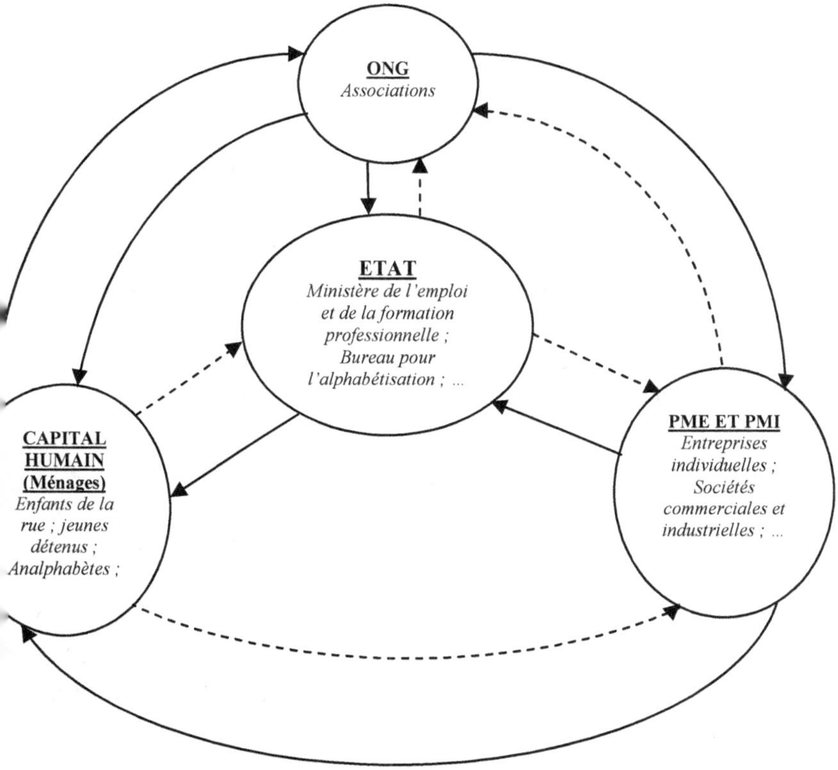

Pour résumer ces procédés, nous proposons un schéma faisant intervenir tous les acteurs des différents secteurs institutionnels du système et indiquons les relations entre eux.

Ici, les traits pleins représentent les flux réels (personnes, biens physiques et services) et les traits interrompus représentent les flux monétaires. Ces derniers sont la contrepartie des flux réels.

Notre notion de flux réels inclut aussi les mouvements de personnes. Ces mouvements s'effectuent notamment au niveau des relations Ménages-ONG et ONG-PME et PMI. Le capital humain cible migre vers les ONG qui, après l'avoir formé, les mettent à la disposition des entreprises. Ensuite, ces entreprises mettront à la disposition des ménages des biens et services marchands en contrepartie de quelques unités monétaires. Cette contrepartie constituera, sur un exercice comptable, pour les entreprises un chiffre d'affaires, celui-ci déduit des charges extérieures fera office de valeur ajoutée. Une partie de cette dernière sera alors donnée aux ONG pour l'amélioration de leur capacité et notamment la fourniture de biens et services non marchands, davantage immatériels (santé, éducation, formation…), aux ménages.

Ceux-ci sont astreints à payer des impôts à l'Etat pour le financement des dépenses publiques (notamment celles servant à la réduction des inégalités) et par conséquent l'Etat leur fournit une compensation indirecte en biens et services. Les dépenses publiques vont aussi dans le sens de l'achat de parts actives dans les entreprises et de la dotation en subvention de ces dernières par l'Etat. Les entreprises quant à elles devront mettre à la disposition de l'Etat leurs productions et capacités productives que celui-ci obtiendra en contrepartie de quelques unités monétaires. L'Etat qui doit se montrer plus pertinent dans l'orientation de ses actions pourra compter sur le soutien des ONG qui le dotera en biens et services, davantage immatériel (rapport d'étude, projet de développement…), pour l'amélioration de ses performances. Toutefois, les institutions à but non lucratif recevront elles aussi de l'Etat des subventions pour l'amélioration de leur rendement.

Pour répondre aux exigences du marché de l'emploi et de ce fait éviter de servir des formations vagues, les associations ou ONG doivent se rapprocher du FNE[47]. Elles doivent aussi créer des partenariats avec des écoles ou centres de formations Etatiques et/ou privées et le MINEFOP[48] pour faire valider leurs programmes de formations professionnelles. Les personnes nouvellement

---

[47] Fond National de l'Emploi

[48] Ministère de l'Emploi et de la Formation Professionnelle

formées pourraient alors, à titre exceptionnel, passer des examens dans ces écoles pour ajouter du crédit à leur formation.

Aussi, les ressources du projet social des organisations œuvrant dans le sens de l'insertion sociale des jeunes pour le développement proviendraient de quatre sources principales.

La première partie de ces ressources pourrait être constituée d'une partie du budget que l'Etat alloue à la prise en charge des mineurs et jeunes en prison et d'une partie du budget prévu pour la prévention de la délinquance. La seconde partie pourrait être apportée par la contribution du FNE pour les grandes entreprises et la contribution du patronat à la formation. La troisième partie proviendrait des produits des activités propres des ONG. La dernière partie de ces ressources pourrait venir de la coopération internationale ou bilatérale.

Toutefois, le problème de l'analphabétisme restant d'actualité, nous souhaitons que les associations reconnues d'utilité publique ou les ONG construisent des écoles d'enseignements primaires et, sans nécessairement gonfler proportionnellement à leurs besoins le budget de l'Etat, portent à contribution la société civile pour un équilibre de stabilité et la garantie du progrès national.

Le système communautariste prône donc dans les faits un désamorçage de la lutte des classes et réalise la vision de Paul BIYA, d'abolition du « règne d'inhumanité[49] » et dans une certaine mesure contribue à celle « d'enseignement de masse[50] ».

Il n'est donc pas juste question de faire du caritatif par la bienfaisance, mais de l'institutionnaliser.

Il nous faut institutionnaliser l'outil caritatif comme manifestation visible du devoir de solidarité dans la

---

[49] Paul BIYA : Pour le libéralisme communautaire. Editions Pierre Marcel FAVRE/ABC P.82

[50] Ibidem. P. 83

société. Plus encore, il s'agit de faire un transfert orienté et contrôlé du pouvoir, de telle sorte que le peuple prenne lui-même, en partie, la responsabilité de sa gestion dans des domaines variés afin que chacun se considère impliqué et s'implique dans notre aspiration au développement national.

Chapitre 7
L'intégration des jeunes

Du fait de la pluralité ethnique si caractéristique de notre nation, la vulgarisation de la nécessité d'intégration a toujours été l'un des socles des orientations politiques de nos dirigeants. En vue d'aboutir à la consolidation d'une nation unie et indivisible, l'intégration se présente comme l'aboutissement du chantier essentiel et nécessaire à la construction d'une véritable unité nationale.

L'intégration telle qu'elle nous a été présentée, tout au moins telle que nous l'avons perçue jusqu'ici, consistait à une symbiose des cultures ethniques pour qu'on puisse en dégager une culture nationale où tout le monde pourrait se reconnaître. Il est donc question dans ce cas de figure, que chacun rentre au-dedans de sa personne et de son identité par la compréhension de ses connaissances ancestrales, pour n'en revenir qu'avec ce que son patrimoine a de plus « excellent », entendue ici comme des valeurs culturelles dites universelles, pour les déposer sur la table du consensus national.

Il est donc question de lever les barrières culturelles et les équivoques pour le bien de tous ; l'intégration apparaissant alors ici comme l'incorporation ou l'assimilation de plusieurs réalités – cultures ethniques – à une seule réalité – culture nationale –.

Cependant, considérant tout ce qui précède et y étant favorable, nous nous demandons néanmoins si la consolidation d'une unité nationale, fruit de l'aboutissement à une culture nationale serait une condition nécessaire et suffisante à un motif pertinent d'intégration globale. En d'autres termes, est-ce que la construction d'une culture nationale crée nécessairement et de manière suffisante, une interdépendance plus étroite entre les composantes d'une société ? Est-ce que, la culture nationale induit objectivement l'intégration nationale ? Nous pensons que cela ne saurait être le cas.

Nous sommes au quotidien appelés, nous concitoyens, quel que soit l'endroit où nous nous trouvons sur le triangle national à vivre et interagir avec d'autres citoyens, d'autres ethnies vivant dans la même localité. Cette nécessaire interaction crée une interdépendance des uns par rapport aux autres.

L'Etat est généralement perçu comme l'unité institutionnelle la mieux organisée. Cette organisation stipule une structuration des services que les uns rendraient aux autres pour la satisfaction des besoins de ces derniers.

Et donc, à travers le service que le boutiquier rend à son client pour la satisfaction de ses besoins ; à travers le service que le chauffeur de taxi rend à l'employé de bureau pour qu'il arrive à l'heure au travail ; à travers le service que la vendeuse de vivre rend à la ménagère ; à travers le service que le cordonnier rend à l'usager dépourvu d'une chaussure en bon état ; à travers le service que le livreur de matériaux de construction rend à un entrepreneur en acheminant vers le lieu des travaux d'un bâtiment des matériaux ; à travers le service que le publicitaire rend à un chef d'entreprise pour l'augmentation de ses profits ; à travers le service que l'enseignant rend à l'apprenant pour que la nation s'assure d'un avenir… Il se crée de manière nécessaire et suffisante une interdépendance entre les membres d'une société.

Tout en considérant que les quelques aptitudes professionnelles sommaires, sues citées, sont assurées par des personnes d'ethnies différentes et donc de cultures différentes, à travers ces procédés, chacun à son niveau, assure ses besoins par son travail et est utile à son concitoyen. Le motif d'intégration est alors justifié.

Nous pouvons donc dire qu'au-delà de la construction d'une culture nationale, que nous considérons comme une condition nécessaire à l'intégration nationale, le travail constitue une raison nécessaire et suffisante à l'intégration nationale. A travers un travail, l'individu est capable de fonder un meilleur concept de sa personne, être utile à la société et de se voir donc naturellement intégré. Le travail est donc le socle essentiel de l'intégration des citoyens dans la société.

Pour une nation en majorité jeune comme la nôtre, l'intégration par le travail est essentielle pour ne pas inhiber, voire asphyxier les ambitions de ces jeunes-là, porteurs de l'avenir de la nation. Le processus d'intégration commence alors, par l'éducation que reçoit le jeune. Par éducation, nous entendons les valeurs qui lui sont véhiculées dans la famille, mais aussi le système éducatif mis en place par les instances dirigeantes de la société. Il nous faut donc nous assurer de l'efficacité de notre système éducatif, afin qu'il puisse favoriser l'essor des travailleurs.

Nous constatons malheureusement que la configuration de notre société, ou l'ensemble des considérations de valeurs ou des dispositions régissant les rapports entre les individus, et de notre système éducatif, ne permet pas à tout le monde d'accéder à un travail. Aussi par travail, nous entrevoyons la situation d'une personne pouvant accéder à la sécurité sociale, aux assurances et à un compte bancaire pour s'assurer d'une retraite décente au terme des loyaux services rendus à la nation. Il s'agit de la construction d'un avenir pour chaque citoyen.

C'est alors que certaines personnes pourraient se demander, s'il est raisonnable de considérer que dans une société moderne, tout le monde peut accéder à un emploi décent ? A tous égards, pour certaines personnes, cela relèverait presque de l'utopie.

Le fait est que dans notre conception de la communauté et de la vie en communauté, il n'est pas permis ou, il ne devrait pas être permis de considérer qu'une seule composante de cet ensemble ne soit pas intégrée. En d'autres termes, tout le monde doit pouvoir travailler.

Paradoxalement, dans notre société contemporaine, nous étudions et nous formons non pas pour travailler, mais pour se donner des chances de ne pas chômer. C'est-à-dire que nous sommes déjà dans nos esprits, voués à échouer et qu'à travers l'école nous minimisons les possibilités de cette réalité. C'est aussi dire que seuls certains pourront travailler et d'autres ne pourront pas travailler et donc, ne seront pas intégrés.

Telle est la résultante des régimes économiques libéraux (capitalisme) auxquels sont soumises la plupart des sociétés. Que fera-t-on donc de ces jeunes-là qui ne seront pas intégrés ?

Le système éducatif et surtout de pensée ambiante nous règlent (les jeunes) sur une fréquence qui veut que nous considérions qu'il n'y a pas assez de travail – implicitement qu'on ne sert pas à grand-chose, étant donné que tous les pôles de gestion sont occupés–. Nous sommes donc confortés, par les faits, dans un conditionnement mental qui veut que nous ne fassions rien avec conviction, si ce n'est avec la certitude que seul notre travail ne suffira pas.

Lorsqu'un individu, un jeune, n'est plus capable de croire en son travail, lorsqu'il ne croit plus au bien-fondé de ses efforts, il n'est naturellement plus capable de produire quoi que ce soit.

Et seulement quand il aura trouvé des mobiles justifiant de sa situation, et qu'une autre personne viendra le sortir de cette situation, refondra pour lui un meilleur concept de sa personne afin qu'il regagne une certaine estime de soi ; ou, tout au moins lui fera croire en un avenir, suscitera en lui de l'espoir, alors il se disposera à cette personne. C'est une réaction tout à fait normale, car la proximité avec des personnes en difficultés crée des liens.

Remarquons que lorsque les colons nous ont abordés dans le passé, nous n'étions déjà pas naturellement affiliés au christianisme. Ils ont constaté des manquements dans notre quotidien ou plutôt, ils ont créé des besoins et suggéré les solutions. Ainsi, ils nous ont apporté l'école, l'hôpital, les couvertures et des vivres. Il est donc naturel que nous adhérions à leurs idéaux, puisque par ses effets est venu notre salut.

Et quiconque viendrait le contester ou plutôt, les contester ferait le vœu explicite de vouloir notre mort. Et étant donné qu'avec eux nous nous sommes sentis valorisés, être utile, avoir du travail et par surcroît être intégrés ; nous ne laisserons personne nous enlever cela – "une fois de plus" –. Tel est à peu près le schéma de raisonnement de l'individu lambda, dans la situation sus-décrite.

Le fait est que la majorité des pays où se sont manifestées ou envers lesquels ont été exprimés des idéaux extrémistes, sont ceux où les écarts sociaux et la paupérisation se font d'autant plus grands chaque jour, que les jeunes ne sont pas assez et/ou dans toute leur globalité intégrée. Ces pays-là ont parfois un taux de chômage des jeunes plus ou moins important. Nous pouvons citer le cas de la France (24%[51] -2014-), l'Espagne (52,3%[52] -2014-), la Turquie (19%[53] -2014-), le Somali land (75%[54]-2011-),

[51] www. Journal du net. com
[52] Ibidem
[53] Ibidem
[54] www.m.irinnews.org

le Nigeria (38%[55]-2013-) et la Tunisie (18%- avril 2014-) – enquête du ministère de l'Emploi et la formation professionnelle –.

Lorsqu'une personne n'a pas le sentiment d'être intégrée dans un ensemble dont elle fait partie, elle va chercher des motifs d'épanouissement ailleurs. Il y a nécessité d'insérer, voire de réinsérer les jeunes dans la communauté pour un développement concret.

Cependant, nous tenons à profiter de cette occasion pour encourager la politique gouvernementale de notre pays qui ne ménage aucun effort pour l'intégration juvénile à travers de bonnes initiatives, comme la grande vague de recrutement des jeunes dans la fonction publique, depuis quelques années. Cela passe certainement par une restructuration des salaires, de telle sorte que chacun puisse en avoir selon ses besoins comme nous le préconisons.

Aussi, il nous paraît important de rappeler que les jeunes ne doivent pas considérer la fonction publique comme le lieu indiqué et propice à l'enrichissement des hommes dans la société.

Afin donc, d'aménager les conditions d'une intégration efficace, nous souhaitons – comme une exhortation – que les jeunes les plus excellents, et/ou ceux-là qui ont les moyens de poursuivre leur formation, s'investissent dans des études approfondies, la recherche, l'entrepreneuriat et le développement des métiers libéraux (musique, écriture, art plastique…) pour favoriser l'emploi, l'auto emploi et l'éducation des jeunes.

A cet effet, le système que nous avons proposé au chapitre précédent est d'autant plus intéressant, qu'à travers l'administration des associations ou des ONG, il dépasse le cadre de réinsertion du capital humain cible (jeunes marginalisés) et va au-delà. Nous parlons ici, de

---

[55] www.starafrica.com

l'insertion socioprofessionnelle des jeunes ayant des aptitudes professionnelles et de ceux ayant fait un minimum d'étude, mais n'ayant pas trouvé d'emploi. Par minimum d'étude, nous voulons décrire la situation des personnes s'étant scolarisées au moins jusqu'à l'obtention de leur baccalauréat. En dessous du niveau baccalauréat, nous considérons qu'une personne a été mal ou peu scolarisée.

Il faut que les jeunes explorent, autant que faire se peut, les possibilités qu'offre l'administration des associations ou des ONG. Ceci implique nécessairement d'avoir une idée ou un projet social et d'être ambitieux. Tout ceci ne s'acquérant nécessairement pas de manière spontanée, ces jeunes auront besoin d'être stimulés.

Par stimulation, nous entendons la manifestation de facteurs extérieurs qui contribueraient à orienter l'action dans un sens souhaité. A notre avis, le lieu propice pour recevoir ce stimulus est l'école.

Le fait est que, pour nous, dans notre système éducatif, les méthodes d'évaluations écrites et d'affectation des notes, censées certifier du niveau de l'apprenant, ne peuvent pas susciter de motiver les jeunes dans le sens de mener des actions pour le bien commun. Pas tant parce que le système éducatif en lui-même est mauvais, que parce qu'il manque d'être complété par une politique éducative pratique et pragmatique.

Ce qu'il y aurait à faire, ce serait de valider ou qu'il soit admis à l'examen du baccalauréat les élèves ayant présentées et soutenus chacun un projet communautaire.

Un projet communautaire est la clarification d'une intention ou d'une résolution en vue de l'amélioration des conditions de vie ou du statut des membres d'une société, dans un domaine spécifique, que l'on aspire à matérialiser. Le projet communautaire serait alors noté et compterait à une certaine hauteur pour l'admission ou le refus à l'examen du baccalauréat. L'évaluation de la présentation ou de la soutenance du projet communautaire pourrait se faire quelques semaines avant les épreuves écrites.

Ceci étant, pour qu'il y ait une certaine cohérence dans les initiatives, il faudrait que soit introduite, à partir de la classe de 3e (dans le système d'enseignement général) ou les autres classes correspondant au même niveau, des campagnes d'excursion ou de visite des élèves dans des orphelinats, des camps de réfugiés, des zones sinistrées, des campagnes enclavées, des ONG… Il est nécessaire, pour que le projet communautaire soit plus facilement appréhendé par les élèves, que ces derniers touchent du doigt la réalité des maux sociaux.

Les coûts de ces excursions annuelles pourraient éventuellement être supportés par les parents d'élèves, car ils doivent aussi participer à tous ses efforts. Le projet communautaire comptant pour l'obtention du baccalauréat, les parents d'élèves seraient plus motivés à aider leurs enfants à concevoir leur projet communautaire.

Cela rapprochera aussi nécessairement ceux-là qui seront potentiellement en charge des institutions publiques dans l'avenir, des réalités sociales. Le fait est qu'on pourrait facilement passer toute sa vie sans jamais vraiment se rapprocher des personnes qui ont moins de chance que nous. Ceci permettrait une identification des uns au travers des autres et stimulerait les actions.

Le système de formation et les aménagements du système éducatif que nous proposons, ne sont pas seulement des méthodes efficaces d'insertion et de réinsertion sociale et donc d'intégration des jeunes dans la société ; ils motivent aussi l'innovation, la créativité et la compétitivité qui sont les garants d'une perpétuelle évolution.

Chapitre 8
Vers une nouvelle économie

Etymologiquement, le mot économie désigne la loi ou règle (nomie) du domaine, maison ou milieu (Eco). Cependant, le mot comporte en pratique plusieurs sens.

Nous pouvons l'appréhender au sens de la science de l'administration du patrimoine de la maison ou de l'entreprise (gestion) ou de la collectivité qui peut être assimilée à la nation. Dans ce dernier cas de figure, on parle de politique économique ou, selon les courants de pensée, d'étude des rapports sociaux de production (marxistes) ou de science de l'allocation des ressources rares pour des fins alternatives (néoclassiques). Toutefois pour plusieurs économistes, la définition du terme économie proposée par Jean Baptiste SAY est la plus complète. Il parle de science qui étudie la production, la répartition, la distribution et la consommation des richesses dans la société.

Nous pouvons également employer le mot économie au sens de système ou régime général dans lequel vit une nation. On entendra alors parler d'économie américaine, soviétique, africaine… Ce système général de la nation peut aussi être caractérisé en parlant par exemple d'économie de marché, d'économie libérale, d'économie socialiste, d'économie sous-développée, d'économie développée, d'économie planifiée… Dans ce sens, l'économie est synonyme à la fois de système et de régime.

Enfin, l'économie peut-être synonyme d'épargne, de réduction des dépenses, réduction des coûts volontaires ou involontaires.

Sur la base de ces différentes acceptions de l'économie, nous pouvons dire qu'elle dépend fondamentalement des habitudes, des mœurs et des aspirations des individus. Le fait donc que ces caractères soient divers et variés selon les communautés ou les sociétés de personnes, nous permet de comprendre pourquoi il existe plusieurs types ou régimes économiques, les uns ne pouvant pas rationnellement être assimilés aux autres. Il paraît inconcevable de prétendre fonder une « théorie générale » de l'économie supposée satisfaire à toutes les communautés de personnes.

On ne pourra donc parler de « théorie générale » de l'économie ou des notions économiques, qu'en dehors des concepts sus-énumérés, c'est-à-dire, perçue de manière élémentaire.

La question naturelle qui nous viendrait donc à l'esprit serait de savoir si le mode de fonctionnement économique sur lequel nous nous fondons en vue de l'administration des ressources de la communauté est en accord avec nos habitudes et aspirations. La réponse est non. Les théories et les modèles qui régissent nos orientations de politiques économiques ont été élaborés en se basant sur les habitudes de production, d'allocation et de consommation des ressources, de personnes d'une société dont la vocation est diamétralement opposée à la nôtre.

Le but de ce chapitre est donc non seulement de caractériser quels devraient être les canons d'une économie propre à nous, mais aussi de donner quelques pistes pour l'élaboration de modèles économiques définissant les termes de la croissance[56] et de l'équilibre dans notre

---

[56] La notion de croissance n'est surtout pas à confondre avec celle de développement. La croissance est une notion quantitative. Elle désigne selon François Perroux un processus continu et soutenu d'élévation du Produit Intérieur Brut réel d'un pays dans le temps. Alors que le développement désigne un progrès intégral de l'Homme dans toutes les dimensions de son être à travers les facteurs démographique, économique, socioculturel et politico-juridique.

contexte. Dans le cas de l'Afrique en général et du Cameroun en particulier, quelles sont les caractéristiques d'une économie novatrice.

Nous savons déjà que l'économie est la partie sensible d'une idéologie et la matérialisation d'un système politico-juridique. Nous avons également démontré que l'idéologie propre à notre mode de pensée est le communautarisme. Nous ferons donc une transcription de cet ensemble d'idées et de valeurs pour en dégager les caractéristiques que devraient revêtir un système économique qui lui conviennent.

Ici, nous appréhenderons donc la notion d'économie comme la science qui étudie les comportements des individus, des individus dans leurs interactions, des institutions et des institutions dans leurs interactions afin de satisfaire des besoins illimités sur la base de moyens limités. Cette étude permet donc aux économistes d'élaborer des théories pour établir des représentations simplifiées et rationnalisées de la réalité ou, de construire des modèles propres à des systèmes qui sont appliqués au travers des régimes.

Nous pouvons donc dire, sur la base de ce qui précède, qu'un régime économique est fonction non seulement de l'idéologie qui sous-tend le système économique, mais aussi des comportements et habitudes des personnes dont on veut satisfaire les besoins. Le régime étant l'application concrète du système économique, ce dernier pouvant donc donner lieu à une diversité de régime (ou économies), nous réaffirmons que le système capitaliste sur lequel est fondé notre régime économique ne nous convient pas.

A cet effet, nous pouvons dire que, premièrement, l'idéologie libérale qui a fondé le capitalisme est dans notre contexte, un mode de pensée ou une philosophie empruntée et stérile qui ne saurait nous satisfaire. Deuxièmement, un certain nombre de théories fondées sur l'interprétation de l'étude des comportements des agents économiques sont erronées. Elles ont pourtant donné lieu à l'élaboration des modèles sur lesquels nous nous fondons pour définir des politiques économiques.

Prenons le cas, par exemple des notions d'épargne et d'investissement. L'on fonde nos politiques économiques sur le fait que l'épargne au sein d'une institution financière est motivée par l'intérêt. Plus l'intérêt est élevé plus les ménages ou les agents sont motivés à épargner. Mais ce n'est pas le cas dans notre contexte. Les individus ont une forte propension à se réunir en groupe associatif afin d'administrer leurs réserves. Ainsi, ils se sentent davantage en confiance. Ce n'est donc pas le taux d'intérêt qui motive l'épargne ou le placement bancaire, mais le niveau de confiance des agents économiques vis-à-vis de l'institution financière qui appliqueraient ce taux d'intérêt.

L'épargne donc, occasionne l'investissement qui fait croître le revenu, celui-ci faisant croître la demande et cette dernière stimule l'offre qui induit à nouveau l'investissement (effet accélérateur). L'investissement est donc une variable importante. Selon les théories économiques, l'investissement qui est égale à l'épargne (« équilibre définitionnel ») est motivé par la rentabilité. C'est-à-dire que, plus importante est la rentabilité potentielle plus importante est l'investissement ou l'inclination des entrepreneurs à investir.

Pourtant, de par notre connaissance du comportement rationnel des agents économiques dans notre contexte, ce n'est pas le cas. Ce n'est pas tant la rentabilité potentielle ou la maximisation des profits qui motive l'investissement que la minimisation des pertes envisagées. Lorsqu'une personne veut opérer un investissement, elle regarde plus ce qu'elle pourrait perdre par rapport à ses gains futurs. Lorsque le taux de risque ou l'appréciation des pertes potentielles est élevé, quelle que soit la marge bénéficiaire qu'occasionnerait l'investissement, l'agent économique lambda n'investit pas.

L'agent économique est très conservateur et ne risque pas de perdre ses acquis. Ce qu'il recherche avant tout c'est la sécurité. Un investisseur n'étant pas nécessairement un épargnant, l'épargne est la marge de sécurité qui prévient le risque d'investissement.

En fait, le revenu se compose de la consommation et de la réserve. Cette dernière se compose elle-même de l'investissement et de l'épargne qui sont non assimilables. Etant donné que l'épargne prévient le risque lié à tout investissement, afin de rechercher un équilibre, il doit être supérieur ou égal à ce dernier.

Ces notions débordant largement le cadre de notre essai, elles feront l'objet d'une étude approfondie dans une prochaine édition.

Nous souhaitons vivement que nos jeunes économistes ne se contentent pas juste d'appliquer des politiques économiques sur la base de modèles qui ne sont, de toute évidence, pas compatibles à notre contexte. Il n'est pas question comme on aime à le dire, d'adapter la réalité étrangère à la nôtre, mais bien d'interpréter nos modes de fonctionnement et nos coutumes, cela pouvant aller jusqu'à la redécouverte de nos traditions ancestrales, pour la construction de modèles que nous intégrerons à un système qui nous soit propre.

Nous devons objectivement nous porter vers un système qui favorise l'intégration de tous dans la communauté, qui milite pour une éthique économique, qui soit respectueux de la dignité humaine et qui rend fondamental la primauté de l'intérêt général.

Sur la base donc de ce qui précède, caractérisons ce système qui nous est propre.

Un système économique à l'instar de celui que nous avons présenté au chapitre 6 de cet ouvrage, est la combinaison d'un mode de régulation de l'activité économique et d'un mode d'appropriation des moyens de production.

Le mode de régulation qui a pour but d'assurer l'adaptation de la production aux besoins[57] (de l'offre à la demande) doit être planifié. La planification a un caractère administratif. Les quantités à produire, les ressources à distribuer, les ordres à donner aux entreprises sont déterminés et fixés en suivant des procédures physiconaturelles. Nous pourrons aussi introduire des critères d'efficacité basés sur les prix et le profit, sous réserve que ceux-ci conservent un caractère normatif. Des procédures de décentralisation au sein desquelles les entreprises acquièrent davantage d'autonomie de décision concernant notamment les quantités à produire, la fixation de certains prix, la vente de produits et la décision d'investir, pourront aussi être envisagées.

Le mode d'appropriation des moyens de production[58] quant à lui doit être collectif. C'est-à-dire que les entreprises appartiennent à l'Etat, ce dernier représentant la collectivité. Les propriétés foncières servant à la production de denrées alimentaires destinées à la vente et celles servant aux sites industriels auront un caractère de jouissance parce qu'appartenant à l'Etat. Les entreprises auront donc un caractère public ou parapublic.

Nous désignerons par économie communautariste planifiée (appropriation collective des moyens de production et planification étatique) ou travaillisme, ce système économique novateur vers lequel nous devons nous porter. En ce sens, les caractères principaux du

---

[57] Chez les libéraux, cette régulation se fait librement à travers le marché (rencontre entre l'offre et la demande) par le mécanisme des prix. On parle alors d'économie de marché.

[58] Il s'agit de l'ensemble constitué par les équipements et les biens intermédiaires.

travaillisme sont : l'actionnariat[59] (Pancapitalisme[60]) ; un mode de régulation centralisé et l'appropriation collective des biens de production.

Du fait de cette présentation sommaire, certaines personnes pourraient penser que ce système auquel nous aspirons va inhiber l'initiative privée et de fait ralentir la croissance. Cela n'est pas le cas. Le travaillisme a, avant tout, une caution de sécurité vis-à-vis des investissements des entrepreneurs. Cela sera garanti par la prise de titres de participation de l'Etat au sein des entreprises. Ce dernier pour garantir la pérennité des emplois devra motiver des fusions entre les entreprises ayant le même objet social, selon certains critères prédéfinis. L'administration publique devra donc être plus performante.

Aussi, l'Etat étant soucieux et respectueux de la valeur intrinsèque et de la propriété intellectuelle des entrepreneurs ou des promoteurs de projets garantira leur incessibilité vis-à-vis desdits projets. L'entrepreneur donc, à la base d'un projet, sera assuré de léguer à sa famille et sur plusieurs générations les fruits de son travail. Ici, le travailleur est aussi davantage pris en considération par rapport à sa valeur propre et son bien-être est directement indexé à la croissance de l'entreprise.

Le travaillisme donc, en tant que système économique est fonction de notre idéologie propre (communautarisme) qui a été définie au chapitre 4 et respecte nos inclinations comportementales naturelles. Encore faudrait-il, qu'il y ait des dispositions juridiques et des lois pour l'encadrer. Nous avons le devoir de faire la promotion d'une

---

[59] Système de participations ouvrières aux bénéfices par répartition de l'actif de la société en actions dont certaines peuvent être considérées comme la contrepartie de l'apport en industrie (ou apport en travail).

[60] Doctrine diffusée notamment par Marcel LOICHOT préconisant la participation des salariés au capital et par conséquent à la gestion des entreprises.

économie qui résorbe le chômage pour que chacun se sente intégrer. Nous avons besoin d'une économie qui soit soucieuse de la répartition du fruit du travail de tout le monde, chacun suivant son niveau (implication) et selon ses besoins et qui soit respectueuse l'environnement.

Ce respect de l'environnement s'inscrit fondamentalement dans un cadre d'éthique économique, parce que nous avons toujours été respectueux de la nature. Nous condamnons fermement les économies qui affament la nature sous prétexte de l'industrialisation, gage du progrès.

L'Afrique doit prendre ses responsabilités vis-à-vis de son devenir et, avoir le courage d'opérer des changements majeurs dans ses structures institutionnelles. L'avenir de l'humanité à travers la restitution de la dignité de l'Homme, est le devoir de l'Afrique. Il nous faut résolument redéfinir notre conception du vivre ensemble. Cela se fera davantage à travers les politiques que nous mettrons en œuvre, que par les discours inopportuns que nous prononçons.

Chapitre 9
Le problème permanent de l'emploi

Le fait de se disposer à connaître, à apprendre quelle que chose (profession), exige des sacrifices et donc, nous fait espérer en cet acquis. Il est certainement très important de s'instruire, de se former à un métier et d'avoir des aptitudes, des habilitations, mais ceci soulève un problème encore plus délicat, qui est celui de l'emploi. Il ne cesse d'ailleurs d'inquiéter actuellement nos jeunes diplômés.

On ne le dira jamais assez, les Camerounais doivent réellement s'investir dans le domaine agricole, ce qui est tout à fait normal, si on considère le potentiel de notre pays dans ce secteur. Notre agriculture a été longtemps déséquilibrée suite à la volonté coloniale et/ou politique d'accorder toute l'attention aux cultures d'exportation comme le café et le cacao, au mépris des cultures vivrières intéressant uniquement les populations locales. Cette agriculture a besoin qu'on rééquilibre le soutien à apporter à ces deux types de cultures, notamment en participant à la mise sur pied des grandes exploitations de cultures vivrières.

Ce faisant, il ne s'agit pas seulement de renforcer notre autosuffisance alimentaire, mais aussi de couvrir les besoins d'un marché régional et sous régional existant et exigeant.

Le 16 octobre 2012, à l'occasion de la journée internationale de l'alimentation, l'ONU[61] a délivrée l'information selon laquelle 1,5 milliard de personnes à

[61] Organisation des Nations Unies

travers le monde ont faim. D'après le document de travail « Cameroun Vision 2035 », publié par le MINEPAT en février 2009, le monde rural occupe 75% de la population active camerounaise[62], ceci constitue sans doute un indicateur important concernant ce secteur d'activité dans notre pays. Il faudrait s'investir dans le travail des cultures vivrières et d'exportation pour accroître l'économie du pays et mettre sur pied des entreprises agricoles.

L'Etat fait d'ailleurs beaucoup d'efforts dans ce sens par le biais des politiques d'accompagnement aux agriculteurs et aux entreprises agricoles. Malgré tout cela, il est toujours très difficile de réussir dans ce domaine, les intéressés devraient unir leur énergie pour aller de l'avant à travers des coopératives qui sont à la base des associations.

Le fait est aussi, qu'en ce qui concerne les exploitants qui n'ont pas vocation de se constituer en coopératives, très souvent on leur dit que l'agriculture va les propulser sans les mettre en garde sur les obstacles à venir, la pratique venant corriger ces manquements. Quand on sait que la plupart du temps bon nombre de ces aventuriers ne se remettent pas de leurs expériences douloureuses, nous allons indiquer un certain nombre de mesures à prendre.

D'abord, renseignez-vous bien sur la culture que vous voulez exploiter. Ensuite, avec l'aide d'experts, faites un devis d'exploitation que vous prendrez le soin d'extrapoler pour minimiser les surprises désagréables. Mobilisez toute la somme d'argent nécessaire avant de démarrer le projet. Après avoir défini un site d'exploitation par rapport aux moyens et aux possibilités à votre portée, assurez-vous un budget de transport garantissant une certaine proximité avec le site. Avant de commencer l'exploitation, sécurisez le site par des mesures dissuasives afin de minimiser le risque de constater qu'une « grand-mère » a coupé un

---

[62] MINEPAT, Cameroun Vision 2035, page 22

régime de plantain pour sa cuisine. Enfin prenez, en considération que toutes les personnes avec lesquelles vous travaillerez sont avant tout des partenaires et non des subalternes et traitez-les en conséquence. Ces conditions réunies, vous pourrez espérer l'aboutissement de votre projet avec plus de sérénité.

Le Cameroun, au vu de son potentiel agricole sous exploité, a la possibilité de constituer un véritable grenier pour la sous-région et ainsi, avoir beaucoup plus d'influence au sein de celle-ci. En vue d'une indépendance effective de notre économie et de la consolidation de l'autosuffisance alimentaire, une attention particulière doit être accordée au développement des industries agroalimentaires, animales et de pêche.

Cependant, le Cameroun ne saurait résoudre ses problèmes économiques et notamment, celui du chômage en ne s'appuyant que sur l'agriculture, la sylviculture, la pêche, l'élevage ou encore la pisciculture. La population ne cesse de croître et avec elle, les défis à relever. Faire face au monde qui change nous impose d'être prévoyant et d'élargir le champ d'action.

En effet, le développement amène le changement. Le monde est clairement entré dans l'ère du numérique. Il est donc naturel que nous ne ménagions aucun effort pour ne pas être à la traîne.

Pour apporter un essai de solution au problème d'emploi après la formation, les entrepreneurs camerounais, avec le soutien de l'Etat, devraient travailler à la création de plus de PME[63], faisant la promotion des métiers du « e-business » en relation avec le développement des nouvelles technologies de l'information et de la communication. Notre pays devra, pour réaliser son idéal d'émergence, s'appuyer sur la participation du secteur privé à travers la création des PME dans divers secteurs d'activité comme les mines, le génie

[63] Petite et moyenne entreprises

civil, les finances, la comptabilité et le secteur de l'environnement. Nous voulons parler des métiers du « green business » en relation avec l'énergie et la protection de l'environnement.

Des mesures d'accompagnement aux initiatives PME et PMI[64] ont d'ores et déjà été prises dans notre pays sous le patronage du chef de l'Etat. Il a de ce fait été mis sur pied le CFCE[65], afin de faciliter la création d'entreprises par les jeunes entrepreneurs. Nous sommes de ce fait convaincus que la promotion de l'entrepreneuriat qui doit être le devoir de l'Etat et des citoyens ou des collectifs les plus avertis, qui se concrétiserait par la création des PME et des PMI, et apportera une solution au problème de chômage, car booster la création de PME, c'est booster l'économie du pays. Nous proposerons des formules dans ce sens au cours de ce chapitre.

Pour ce qui est du capital humain dont la promotion est faite dans cet ouvrage, notamment les enfants de la rue, les jeunes prisonniers et les analphabètes (cf. chapitre 2 et 6), l'impact économique et financier que pourrait susciter l'emploi de cette catégorie de personne devrait pousser les entreprises, même encore embryonnaires, à rechercher des partenariats avec les acteurs sociaux, en l'occurrence les ONG se chargeant de la formation de ces derniers, afin d'anticiper sur le problème d'employés. Le projet entrepreneurial endosserait alors des aspects économique et social très intéressants ne pouvant être que bénéfiques pour l'entreprise. Les partenariats entreprise-ONG pouvant se faire de manière réciproque seraient tout aussi profitables aux ONG, car facilitant leur mission en ce qui concerne la réinsertion sociale.

Lorsqu'une personne se forme à un métier professionnel – nous supposons après l'obtention de son baccalauréat –

---

[64] Petite et moyenne industrie
[65] Centre de formalité de création d'entreprise

pendant un certain temps (2, 3 ou 5 ans), elle estime qu'en fonction de son temps de formation et de l'investissement y alloué, il y a un niveau de salaire en dessous duquel elle n'acceptera pas un emploi. Elle se fixe un revenu de réserve.

Ceci constitue un souci majeur pour un employeur à la recherche d'aptitudes spécifiques. Il n'arrive pas toujours à satisfaire le revenu de réserve du potentiel employé. Pourtant, un jeune qui se serait formé bénévolement et qui aurait acquis une compétence professionnelle recherchée par un employeur, ne dispose pas d'un revenu de réserve conséquent. A ce moment-là, la disponibilité du capital humain pour un employeur devient une opportunité en soi et une motivation.

Il est donc important que les formations dispensées par les ONG ou les associations à l'endroit du capital humain cible, soient de bonnes qualités. D'où la nécessité de travailler avec des grandes écoles de formations et le FNE.

Les PME occupent une grande place dans l'économie des pays développés. Nous prendrons l'exemple du Canada où elles représentent 98% des entreprises employeuses et 45% du PIB[66]. En France, les PME de moins de 250 employés représentent 58% de l'emploi salarié, 63% de l'emploi total et 24% des exportations[67]. Ces chiffres montrent sans aucun doute la place de choix de l'entrepreneuriat et des PME pour l'économie des pays développés. Nous devons nous inspirer de cela pour valoriser et donner l'importance qui est due à ce domaine pour espérer un Cameroun prospère.

9-1 : L'entrepreneuriat des jeunes

L'entrepreneuriat est l'action de générer des richesses ou des emplois par la création d'entreprises. Dans un pays

---

[66] http://www.carnet.apexagroup.com/?pageid=21

[67] http://www.pme.gouv.fr/economie/chiffreclespme/chapitre1.pdf

qui aspire à l'émergence et au sein duquel des profondes mutations aussi bien sur les plans politique qu'économique sont appelées à se dérouler, les jeunes, pour s'en sortir, ne doivent pas nécessairement tout attendre de l'Etat. La notion « d'Etat providence », c'est-à-dire la conception d'Etat pourvoyeuse de tout et garantissant tout ; doit plus que jamais, sortir de leur esprit. Nous devons avoir le courage et la volonté de bâtir, en nous basant sur nos propres convictions, des systèmes pouvant pleinement nous satisfaire et ceci ne pourra se faire sans passer par l'entrepreneuriat.

L'entrepreneur constitue le maillon fort de l'économie d'un pays, car, il est le créateur des richesses et de ce fait, l'initiative économique privée nationale doit donc être permanemment encouragée.

Ceci dit, « il n'est pas question non plus de faire place à un libéralisme sans frein qui engendre une concurrence impitoyable entre les groupes. La liberté d'entreprendre que nous prônons ici se conçoit dans un contexte éthique que l'Etat est chargé de faire respecter. L'Etat lui-même doit pouvoir créer des entreprises de grande envergure destinées à servir de modèles de rigueur et de rationalité dans la gestion aux entreprises privées. Toutes les leçons doivent être tirées des échecs enregistrés en ce domaine dans le passé[68] ».

C'est aussi à dire que, même en considérant le but premier de l'entreprise qui est la recherche du profit maximal, il ne doit néanmoins pas se développer chez l'entrepreneur une psychose matérialiste du fait de la poursuite effrénée de ce profit. L'homme se situant au centre de la production, il doit être économisé. Un système juridique nouveau et novateur devrait donc canaliser nos ambitions.

Chaque entrepreneur doit inclure dans son projet la notion de respect de la personne humaine et dans un souci

---

[68] Paul BIYA : Pour le libéralisme communautaire. Editions Pierre Marcel FAVRE/ABC P.129

d'amélioration du climat social national, celle d'intérêt général. C'est aussi dans cette optique que Paul BIYA déclare que : « Le second principe du libéralisme communautaire réside dans le rôle déterminant qui incombe à l'Etat. En effet, il ne s'agit point de laisser la libre entreprise se développer dans un climat d'anarchie qui ferait penser à une jungle. Une telle exubérance aurait pour conséquence fâcheuse d'amener certaines entreprises à en dévorer d'autres et à se donner des tailles telles qu'elles finissent par faire figure d'Etats dans l'Etat, caractéristique des sociétés monopolistiques de certains pays développés qui ont permis à la critique marxiste-léniniste de voir dans l'Etat lui-même un instrument d'oppression entre les mains de la classe dominante[69]. »

Au Cameroun, la promotion de l'entrepreneuriat par les services publics de l'Etat nous donne l'impression que cela ne concerne qu'une catégorie précise de personnes. Les meetings organisés à cet effet ne ciblent généralement que des entrepreneurs confirmés ou des personnes en phase de le devenir appartenant à une certaine classe sociale. Mais qu'a-t-on réellement à apprendre à des personnes qui connaissent déjà les notions qu'on veut leur inculquer ?

L'entrepreneuriat devrait pourtant être l'affaire de tous et pour cela, il faut que l'Etat comprenne que cette notion constitue avant tout une culture. On façonne l'entrepreneur, on façonne l'esprit entrepreneurial et cela se fait depuis la base. L'Etat doit inclure dans le système éducatif du cycle secondaire et depuis le cycle d'observation des modules d'orientations axés sur les besoins, les ressources et les services qu'offre l'Etat et sur la nature et les bienfaits de l'entrepreneuriat.

Mais la promotion de l'entrepreneuriat ne doit pas être uniquement l'affaire de l'Etat, la société civile (associations

[69] Paul BIYA : Pour le libéralisme communautaire. Editions Pierre Marcel FAVRE/ABC P.129

diverses et ONG) doit aussi apporter sa pierre à l'édifice en organisant des meetings, des séminaires et des colloques autour de ce thème, fruit d'une collaboration étroite entre des enseignants, des professeurs, des étudiants, des professionnels du métier et même des lycéens. Il est question de façonner des producteurs et non des consommateurs. Il faut que la jeunesse ait confiance en elle, qu'elle se porte garante d'assumer des responsabilités et qu'elle mène à bien ses entreprises de sorte à démontrer clairement que le jeune âge n'est pas un facteur d'immaturité.

L'entrepreneuriat n'exclut pas forcément les études ou d'autres activités professionnelles. Cependant, pour nous, jeunes, bien qu'ayant de très bonnes idées, le problème de financement, lié à l'obtention de crédits et subventions, est très souvent le plus gros des soucis, car les établissements bancaires et les microfinances qui exigent des garanties ne facilitent pas les choses.

Mais est-ce que les garanties constituent vraiment une sûreté pour la réussite et la pérennisation de l'entreprise ? Qu'est-ce qui devrait être une garantie pour la réussite d'une entreprise ? Dans le cas d'un pays en plein essor comme le nôtre qui a besoin de ressources pouvant le faire émerger, que doit-il être mis en avant par une entreprise afin d'accroître la sécurité de l'investissement bancaire ou les chances de réussite du projet ?

Nous pensons que les politiques de prêts ou d'obtention de subventions des bailleurs de fonds doivent quelque peu être modifiées et harmonisées en vue de la pérennisation de nos jeunes entreprises. Nous pensons que les garanties ne constituent pas un moyen de s'assurer de la viabilité des projets entrepreneuriaux, les bailleurs de fonds doivent plutôt mettre l'accent en priorité sur le « cash-flow » qui constitue la capacité d'autofinancement d'une entreprise.

Les jeunes entrepreneurs doivent se rapprocher des sociétés de conseils entrepreneurs et des cabinets d'audit afin de se faire aider et mener une étude succincte de tous les aspects du projet pour minimiser les risques d'échec. Bien que cela demande assez de moyens financiers, les jeunes entrepreneurs ne doivent pas commettre la maladresse de se lancer dans des projets sans avoir réuni toutes les informations usuelles y relatives. Gardons toujours à l'esprit que le secret de la réussite, c'est la planification et la persévérance.

Ceci étant, considérant les réalités du pays et le climat des affaires qui n'est pas toujours propice, les jeunes peuvent tout aussi se tourner vers l'entrepreneuriat social et ainsi faire valoir le service des ONG et s'investir dans les métiers du social business. Au Cameroun la loi régissant la création et le fonctionnement d'ONG, stipule qu'il s'agit d'associations déclarées ou d'associations étrangères autorisées conformément à la législation en vigueur et agréées par l'administration en vue de participer à l'exécution des missions d'intérêt général.

Les jeunes doivent le savoir, l'entrepreneuriat social, au sens d'une ONG, consiste à la conception, à la mise sur pied et au suivi d'un projet associatif orienté vers la production des biens et services au profit de la collectivité et non des membres de l'association. Ladite association est alors tenue de faire preuve de sérieux en prenant des initiatives au profit de la collectivité durant au moins trois (3) ans, période certifiant alors de sa maturité à pouvoir participer à l'exécution des missions d'intérêt général. La maturité d'une association est d'autant plus effective qu'elle est capable de réunir les conditions requises pour solliciter l'agrément au statut d'ONG qui lui sera alors délivré pour une durée de cinq (5) ans renouvelables.

Nous pensons que l'une des causes de l'échec des projets associatifs est qu'ils ne sont pas considérés par leurs promoteurs comme la base de projets entrepreneuriaux et traités en conséquence. Dans le même sens, bon nombre de jeunes en fondant des associations le font juste pour justifier de la largesse de leur emploi de temps et du sentiment de vouloir en faire pour les autres tout ceci conduisant fatalement à un abandon progressif des ambitions.

Paradoxalement, dans notre société, lorsque des jeunes mettent sur pieds des projets associatifs, ils ont juste à cœur d'engranger des dons et des legs de toutes les natures pour leur fonctionnement. Dons et legs qui leur sont accordés par des personnes de droit privé et parfois même par des personnes de droit public ; celles-là même qui sont censées leur rappeler ou les informer que la législation camerounaise le proscrit.

On accorde des dons, des legs et, selon le cas, des subventions à des organisations dont les initiatives se portent non seulement vers l'intérêt général, mais aussi parce qu'elles auraient prouvées au bout d'une certaine période leurs capacités à s'auto gérer. Nous n'arriverons pas à bâtir une société qui offre des possibilités diverses en faisant l'éloge de la médiocrité.

Les entrepreneurs sociaux qui généralement font la promotion du potentiel d'une classe de personnes démunies et marginalisées, au bout d'un travail acharné, créent des emplois et donc des richesses ; et la plupart des métiers du "social-business", bien que par définition très risqués, ne peuvent qu'être bénéfiques pour un pays comme le nôtre qui n'est pas encore développé.

Au Cameroun, victime de la mauvaise mentalité de ses mandataires, les ONG ont perdu de leur crédibilité auprès des pouvoirs publics. Il est donc de plus en plus difficile de se voir octroyer des subventions de l'Etat. Les jeunes ont le devoir de travailler à redorer le blason des ONG et laisser transparaître une nouvelle génération d'entrepreneurs sociaux visionnaires et traduisant l'engagement populaire.

Ce qui n'est pas une tâche facile quand on considère les problèmes de leadership et d'engagement individuel des personnes adhérentes aux associations auxquelles font face les entrepreneurs sociaux. Ceci s'expliquant par le fait que les jeunes veulent trop souvent vite voir "un manguier produire des fruits sans lui laisser le temps de devenir mature".

Un projet d'ONG se construit progressivement et minutieusement en commençant à la base par un statut associatif, l'agrément au statut d'ONG venant affirmer et confirmer la valeur et la maturité de ladite association lui offrant alors une vaste gamme de possibilités, comme par exemple la création d'autres personnes morales dans l'optique de la réalisation des ambitions de l'ONG.

Une autre facette des projets associatifs est qu'ils sont capables de réunir autour de la même table différentes personnes issues de niveaux sociaux différents, de niveaux intellectuels et de compétences professionnelles différents : ingénieurs, économistes, informaticiens, élèves, entrepreneurs…, sans souci d'intérêt matériel et regardant dans la même direction pour un objectif commun. C'est une véritable école de la vie.

Nous devons de ce fait bâtir sur des valeurs fortes, des projets cadrant avec les besoins de la nation aussi bien sur les plans juridique, éducatif que culturel. D'un autre côté, l'Etat doit continuer d'encourager les jeunes entrepreneurs dans la création de nouvelles entreprises et celles ayant des jeunes administrateurs à leur tête.

Même dans un cadre moins professionnel nous avons beaucoup d'avantages à faire la promotion des mouvements associatifs. Nous devons encourager nos enfants à faire l'expérience des associations ou des clubs scolaires d'activités post et péri scolaire (APPS) aux collèges et aux lycées en tant que motif d'accomplissement de l'apprenant dans la société.

Si cela n'est pas fait, nous courons le risque de former des automates qui n'auront comme seule option après le baccalauréat de passer des concours comme celui de la police, de l'enseignement et nous en passons, aboutissant à des métiers pour lesquels ils n'ont aucune vocation. Chez nous, ces activités associatives sont généralement mal perçues par les parents, qui voient en elles des motifs de distractions pour les apprenants à qui on commande une seule mission : passer ses examens. Le parent ne devrait-il pas se porter garant de l'encadrement de l'élève ?

Tant que les parents continueront de penser que le plus important dans la vie d'un apprenant, c'est d'accumuler les diplômes et que les administrations scolaires occulteront toutes les autres activités extra scolaires dans un cadre pédagogique au profit des activités footballistiques, notre éducation aura des problèmes. Les établissements scolaires devraient s'intéresser à la pratique du scoutisme qui vise le développement intégral de l'homme grâce à la formation physique, morale, pratique et civique des enfants et adolescents.

Parce qu'il faut aussi le préciser, de nos jours la majorité des services d'APPS de nos établissements concentrent la quasi-totalité de leur moyen dans les activités sportives et plus précisément le football. Comme quoi nous allons construire une nation de footballeurs, mieux encore, une nation d'ETO'O… !? La prise de conscience de l'importance des mouvements associatifs en milieu scolaire au profit des apprenants doit se faire aussi bien du côté des parents que, de celui de l'administration scolaire. Cela permettra de favoriser la culture entrepreneuriale pour l'apprenant.

Si nous voulons espérer un Cameroun émergent, nous devons avoir le courage de prendre des risques et, travailler à la prospérité de la nation. La jeunesse doit savoir que l'émergence réelle de la nation ne pourra se faire qu'au moment où elle prendra réellement conscience de son devoir envers elle. Nous souhaitons pour les nôtres et nous-mêmes, de voir grandir un Cameroun porté par de jeunes producteurs ambitieux et non des consommateurs.

9-1-1 : Les associations à vocation entrepreneuriale

Dans un contexte sociétal camerounais, les ONG sont des institutions privées œuvrant pour l'amélioration des conditions de vie des citoyens dans les domaines divers de gestion de la nation. Elles se chargent alors d'apporter un appui au développement de la nation en collaboration avec le gouvernement. Elles sont donc légitimement disposées d'une part, à recevoir de l'Etat, des organismes internationaux pour le développement et des personnes privées du fait de leur participation efficace à la gestion des affaires publiques, des dons, legs et subventions de toutes sortes et d'autre part, à se faire rémunérer leurs services ou leurs produits (à des valeurs non marchandes c'est-à-dire à des prix économiquement non-significatifs) pour la validation d'un programme budgétaire annuel. Ce budget est fonction des besoins de l'institution pour la réalisation de ses objectifs et au paiement du personnel d'appui.

Ceci étant, pour qu'une personne n'ayant pas forcément des moyens financiers conséquents puisse se valoir de l'administration de ce type d'institution, il devra tout d'abord expérimenter un statut associatif et mener à bien son projet entrepreneurial.

Considérant un climat économique peu favorable au développement des affaires, la subtilité des projets associatifs est qu'ils ne requièrent pas un capital social de départ. C'est pour ainsi dire, un projet d'entreprise à base de zéro franc CFA. Il conviendra donc au futur entrepreneur social de bien prendre la mesure des objectifs finaux et d'opérer des choix conséquents pour la mise en place et l'animation d'une association à vocation entrepreneuriale. Nous préconiserons alors le suivi de trois étapes essentielles.

La première étape étant, l'adoption de l'idée à la base du projet associatif. Pour ce faire, elle doit être mûrie, le promoteur devra beaucoup communiquer afin de collecter des avis divers et fonder pour ce projet un objet social ou dans ce cas spécifique, un objet social sociétal. C'est-à-dire un projet dans lequel l'objet social et l'objectif social se confondent.

La seconde étape est la recherche d'informations sur la juridiction en vigueur, la branche d'activités et services offerts. Le promoteur devra se servir de tous les outils d'informations à sa disposition afin de requérir le plus d'éléments possible sur la création, l'administration et l'agrément aux statuts d'ONG pour une association et sur les missions de son organisation en phase de création.

La dernière étape est la sélection minutieuse des associés. Ceux avec lesquels le promoteur se chargera de fonder l'organisation. Bien que la création d'association selon la réglementation en vigueur, dans un contexte camerounais, préconise au moins deux membres fondateurs, nous conseillons au moins cinq membres fondateurs pour une certaine répartition des charges.

Le promoteur doit rechercher, prioritairement celles et ceux ayant une expérience associative avérée. Ensuite il recherchera les profils de personnes passionnées, professionnellement et socialement expérimentés, ambitieuses, à la recherche d'un mieux-être, soucieuses de leur avenir et aimant s'amuser. Toutes ces qualités ne pouvant certainement pas se trouver de manière équilibrée chez un seul individu, il incombera au promoteur ou tierce personne, de fédérer l'ensemble des personnes réunies afin d'aboutir à des résultats satisfaisants. Il doit-être vendu ici des idées, une vision aussi bien pour la collectivité que pour les membres eux-mêmes, tout en gardant à l'esprit que les mouvements associatifs à vocation entrepreneuriale sont des projets à moyen ou long terme.

Il est aussi primordial de formaliser clairement et par écrit les modes de fonctionnement et les protocoles de chaque service de l'association pour être plus objectif et synchrone. Il faut que soit constitué un programme d'exécution opérationnelle.

Il faut savoir qu'une ONG pour être efficiente, a un seul objectif principal, une mission expression de son objet social qu'elle se charge de mener à bien. Il sera donc question pour les associations escomptant ce statut privilégié de prendre la mesure des exigences y afférentes dès la prise d'initiative.

Elles devront choisir chacune une seule mission, qu'elles se chargeront de mener à bien dans l'intérêt de la collectivité et si en tant qu'initiateur du projet vous vous trouvez encore indécis et que le concours d'idées de vos associés ou potentiels associés n'arrangent pas les choses, pas de panique. Trouvez juste un objectif général englobant votre objet social, mais qui ne soit pas trop large au risque de produire la dispersion et l'inefficacité. La période réglementaire et/ou celle que vous vous serez fixé pour l'atteinte du statut d'ONG vous permettant de mûrir vos idées et ambitions.

La bonne organisation étant essentielle, surtout en considérant le défi d'envergure qui attend les jeunes entrepreneurs sociaux dans la quête d'un statut d'ONG pour leur association, nous proposons un schéma organisationnel du fonctionnement d'une association à vocation entrepreneuriale.

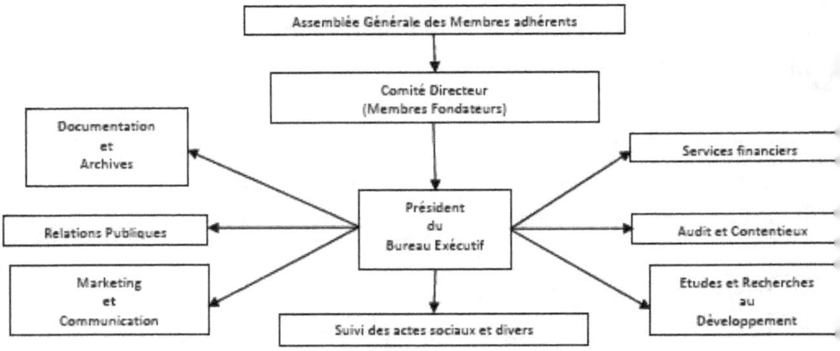

9-1-2 : Management des associations gérant institutionnellement

Les décisions en vue de l'orientation efficiente des objectifs d'une association de développement aspirant à accéder au statut d'ONG se prennent à trois niveaux : stratégique, tactique et opérationnel.

Dans une association, l'assemblée générale des membres est souveraine, c'est donc à ce niveau que se prennent les décisions d'ordre stratégique. Elles sont à long terme et concernent l'adoption des lois, de la politique générale de l'association pour l'atteinte de l'objectif d'agrément au statut d'ONG.

Cependant les décisions concernant la vie générale de l'association sont aussi prises par le comité directeur qui joue un rôle d'observateur plus régulier que l'assemblée générale sur le bureau exécutif. Il veille à ce que l'association ne s'écarte pas de son objet social et, peut proposer ou imposer selon la gravité de la situation et, de manière provisoire des changements au niveau de la direction exécutive de l'association sous réserve que, l'assemblée générale des membres reste souveraine.

Les choix tactiques, qui sont fonction des décisions stratégiques, relèvent de la responsabilité exclusive du président du bureau exécutif. Il a à charge d'organiser et de planifier les actions du bureau exécutif en vue de l'atteinte des objectifs prédéfinis plus haut.

Les décisions opérationnelles sont de la responsabilité du reste des membres composant le bureau exécutif pour la bonne marche des activités de l'association au quotidien.

Il est important d'intégrer tout le monde dans une dynamique de groupe. Le manager doit tenir compte des avis de tout le monde sans toutefois changer ses principes de gestion basés sur des valeurs contextuelles non négociables. La délégation de plus de responsabilité à ses collaborateurs et l'exigence des contrôles, permettent à tous de se sentir intégrés et de faire corps avec le projet.

La réussite d'un projet associatif est un pari assez difficile à réaliser surtout pour des jeunes. Il est essentiel qu'ils l'abordent avec certaines dispositions mentales les poussant à inclure dans la politique de gestion, les notions de discipline, de responsabilité et de rigueur, au risque d'un échec certain.

9-2 : L'économie souterraine au Cameroun

L'économie souterraine ou secteur informel désigne l'ensemble des métiers ne respectant pas les normes juridiques préétablies, servant à encadrer les activités économiques ; ce qui entraîne qu'on ne puisse pas les classer dans une catégorie précise des secteurs d'activités. Ne s'arrimant pas à la réglementation en vigueur, les personnes travaillant dans ce secteur, n'ont ni assurance, ni garantie venant de l'Etat. Comme activité du secteur informel, nous pouvons citer la cordonnerie, le call box, la maçonnerie, la mécanique, la couture, la fabrication et la vente des sucettes kossam et foléré (jus d'oseille), le collage des roues, le concassage de gravier, etc.

En fait, nous pouvons dénombrer une multitude de métiers du secteur informel rendant service aussi bien aux ménages, qu'aux unités de production diverses. Mais leur importance ne se limite pas qu'à ce niveau, car, selon Cameroun info, le secteur informel nourrit 90% de la population active. D'après un sondage de l'INS[70] en 2005, l'économie informelle couvre 90,4% d'actifs occupés, suivie du secteur public avec 4,9% et du secteur privé formel avec 4,7%[71].

Ces chiffres sont très alarmants. Si le secteur informel ne manque pas d'être important pour les Camerounais en général, il est comme une aiguille dans la botte de l'Etat. En effet, les usagers de ce secteur de par leur marginalisation ne paient pas les impôts qui permettent entre autres de réduire les inégalités sociales (construction des écoles, des routes...) et de financer le budget de l'Etat. Le rôle de l'Etat est de redistribuer les fruits de la croissance qui sont eux-mêmes issus des activités économiques diverses.

L'économie informelle constitue donc un grand manque à gagner pour l'Etat. Ce qu'il y a à faire, c'est de muter progressivement et à terme les activités informelles, vers les activités formelles. Cela renforcerait les capacités de l'Etat, augmenterait notre PIB[72] et sécuriserait bon nombre d'emplois.

Parce qu'il est important de souligner que, la plupart des usagers du secteur informel ne considèrent leur activité que comme temporaire et attendent de se rabattre vers le secteur formel. Quoi de plus normal, quand on sait qu'il n'est offert aucune sécurité sociale aux personnes travaillant dans l'informel. Les métiers qui le constituent, ne permettent pas d'espérer d'un avenir ou d'une retraite décente.

Nous devons tout de même, souligner les efforts non négligeables de l'Etat dans le processus de formalisation du secteur informel à travers la mise en œuvre d'initiative

---

[70] Institut National de la Statistique

[71] www.Cameroun-info.net

[72] Produire Intérieur Brut

comme le PIAASI[73]. Ce dernier a pour principale mission la mutation à terme du secteur informel vers le secteur formel, dont les objectifs se résument en la lutte contre la pauvreté, la promotion de l'auto emploi de manière décente, durable et productive. Ou encore le PIFMAS[74], qui vise à favoriser l'insertion socio-économique des jeunes (15-35 ans) non scolarisés ou déscolarisés, par la création des microentreprises de fabrication du matériel sportif.

Cependant, le soutien que pourrait apporter la société civile à l'accélération de ce processus ne serait pas de trop. Nous pensons sans nul doute que faire la promotion des ONG, c'est aussi faire la promotion du secteur informel et du rehaussement de son statut.

A travers les ONG, nous pouvons former des personnes sans qualification à l'apprentissage de petits métiers et même renforcer les compétences des techniciens de l'informel. Nous pouvons également les former au montage des projets et les aider à constituer de petites entreprises dans divers secteurs.

Nous avons souvent parlé dans notre pays, de la nécessité de maîtriser la technique et la technologie pour mieux se développer. Ne serait-il donc pas judicieux, d'aider des personnes qui s'y intéressent et s'y investissent, de manière plus ou moins naturelle, en renforçant leurs connaissances et compétences. Prenons en guise d'exemple, le cas de certains réparateurs de téléphone, télévision et appareils électroménagers qui se forment dans le tas. Certains d'entre eux, n'ont aucune base intellectuelle, mais, à force de travail et de routine, connaissent bien le fonctionnement d'appareils électriques et leur activité devient une passion. Ce genre de personnes

---

[73] Programme Intégré d'Appui aux Acteurs du Secteur Informel

[74] Projet d'Insertion socio-économique de Fabrication du Matériel Sportif

devrait bénéficier de programmes de renforcement des capacités des techniciens de l'informel.

Il revient en ce moment-là, d'opérationnaliser le projet. Pour y arriver, les ONG devront ouvrir un registre des techniciens par catégorie et solliciter l'encadrement technologique aussi bien de l'Etat, que des particuliers nationaux et internationaux.

En somme, le projet social que nous proposons porte sur la formation et la valorisation du potentiel humain par rapport aux groupes suivants : la jeunesse analphabète et celle insuffisamment scolarisée ; la jeunesse en délinquance et abandonnée et la jeunesse travaillant dans l'informel.

Ne pas réellement s'investir à l'encadrement des métiers de l'informel, c'est faire montre d'une absence de vision à exploiter un secteur porteur de croissance et d'innovation au service du progrès et de la communauté.

9-3 : Le financement des petites et moyennes entreprises

L'argent est pour une entreprise ce que le sang est pour le corps humain. En effet, comme le rapporte le Financier d'Afrique, hebdomadaire du monde économique et financier du 08 mai 2012, « interrogés sur les contraintes liées au déploiement de leurs affaires, les opérateurs économiques ont déploré dans leur grande majorité l'environnement économique peu favorable au développement de leurs activités au triple plan administratif, juridique et financier. Les obstacles les plus cités par les entrepreneurs étant par ordre d'importance la fiscalité pour *58,8%,* la corruption pour *50,6%,* l'accès au crédit pour *37,6%,* etc. ». Cette réalité est encore plus pesante pour les jeunes entrepreneurs, promoteurs des PME qui n'ont pas de perspectives d'activités suffisamment certaines pour réussir à mobiliser les crédits et ne disposent pas des garanties qui sont souvent exigées.

L'accès toujours difficile des PME camerounaises aux concours bancaires reste un obstacle majeur à la compétitivité de l'économie du pays car, ces entreprises ne sont pas en mesure de jouer leur rôle de moteur de la croissance. Cependant, le problème pourrait trouver un essai de solution ou être atténué, grâce à l'existence d'une autre formule de financement des projets de PME plus adaptée aux réalités locales : le capital-investissement.

Le capital-investissement est radicalement différent du métier du crédit. Dans la formule du crédit, le banquier ou le prêteur tire son rendement des intérêts perçus et sécurise le remboursement de son capital par la prise préalable de garanties, alors que le capital-investisseur prend le risque aux côtés de l'entrepreneur ou du chef d'entreprise en devenant actionnaire à ses côtés, et en complétant éventuellement son apport par des crédits en qualité d'actionnaire et ne fonde son remboursement que sur la croissance rapide et la profitabilité de l'entreprise.

Il est important de mentionner que lorsqu'un partenariat est noué aux côtés d'un promoteur, le capital investisseur reste minoritaire et le partenariat est limité dans le temps, les actions étant revendues au bout de la période convenue.

Ici, pas besoin comme pour l'accès au crédit bancaire, de présenter une liste bien étoffée de garanties à l'instar de l'assurance vie du promoteur, assurance incendie (suivant l'activité), nantissement des équipements, caution morale, attestation de propriété (pour les projets agricoles), titre foncier, hypothèque, compte à terme, etc. Des garanties remplacées dans le cadre du capital investissement par d'autres critères.

Le profil du promoteur, qui consiste de manière générale à étudier sa moralité, la capacité à mobiliser les ressources nécessaires au succès du projet ou le réseau entrepreneurial et le partenariat, et la qualité du projet. Ce dernier doit être novateur, présenter une bonne rentabilité prévisionnelle avec des perspectives intéressantes de sortie à moyen terme.

Pour ce qui est de l'entreprise bénéficiaire, elle doit occuper ou être susceptible d'occuper une position stratégique sur le marché, être capable de gagner et de conserver des parts de marchés dans un segment de marché bien défini, être en mesure de conserver durablement des avantages compétitifs, respecter la réglementation environnementale et sociale.

Certains pourraient se dire que toutes les mesures sues énumérées sont sévères, voire draconiennes. Nous par contre, sommes convaincus que ce sont des mesures de réussite. Il faut savoir qu'un projet entrepreneurial qui échoue ou une entreprise qui fait faillite, sous-entend que ce sont généralement plusieurs destins brisés, des familles en difficultés, des espoirs qui se retrouvent réduits à néant. Dans une économie en plein aménagement comme la nôtre, qui a besoin de reposer sur des bases solides, les projets dans lesquels nous investissons les ressources diverses à notre portée doivent être des projets de réussite.

Le capital-investissement est donc un actionnaire professionnel qui apporte à l'entreprise non seulement le financement, mais aussi le conseil, l'appui stratégique, l'assistance technique, managériale et commerciale, afin de tout mettre en œuvre pour s'assurer de la réussite.

Le capital-investissement reste malheureusement très peu développé au Cameroun. Néanmoins, au moins six structures ciblées par l'hebdomadaire du monde économique et financier, Le Financier d'Afrique, opèrent dans le pays depuis quelques années. La Sni[75] qui est un acteur historique et qui n'a que très peu investi ces

---

[75] Société nationale d'investissement

dernières années ; la cenainvest SA[76] qui est la seule entreprise privée nationale de capital investissement ayant une vocation sous régionale ; la FIM Ltd[77] qui est une entreprise spécialisée londonienne et trois institutions financières internationales qui développent le capital-investissement comme une de leurs activités ; la FMO qui est une société financière néerlandaise pour le développement ; Proparco qui est un groupe de l'agence française de développement et SFI, filiale de la banque mondiale.

Bien que tout le monde s'accorde aujourd'hui à dire que l'entreprise privée est le moteur de création de richesse dans un pays, les entrepreneurs camerounais rencontrent des problèmes méritant d'être pris au sérieux et solutionnés.

Le premier type de problème est lié à notre environnement socioculturel où l'échelle des valeurs sociales tend continuellement à dévaluer à titre injuste le créateur d'entreprise – comme-ci les hommes d'affaires qu'on admire tant naissent spontanément–. Lorsqu'un jeune prétend créer une entreprise, il est plus considéré comme un rêveur plutôt que comme un potentiel vecteur de développement[78].

Remarquons d'ailleurs que l'ambition de la plupart des jeunes qui font des études est d'obtenir le diplôme le plus élevé possible pour ensuite essayer de passer les concours qui donnent accès aux catégories les plus élevées à la fonction publique, ou, à défaut, essayer de se faire recruter dans les entreprises publiques ou parapubliques, voire

---

[76] Central Africa investment corporation SA.

[77]FramlingtonInvestmentManagemement Ltd.

[78] Il existe une différence fondamentale entre la notion d'entrepreneur, d'homme d'affaire et de chef d'entreprise. En effet, l'assomption des risques liés à une entreprise peut permettre de distinguer l'entrepreneur du chef d'entreprise, qui peut être un salarié, et de l'homme d'affaire ou le capitaliste, qui n'est qu'un bailleur de fonds.

privées, les plus prestigieuses prétextant le souci d'une sécurité sociale.

Dans un tel contexte, le créateur d'entreprise court le risque d'être dévalorisé à ses propres yeux et lorsque l'on n'est pas en confiance et que l'on n'a pas confiance en ce que l'on fait, il est difficile de réussir.

En effet, « La libre entreprise tant qu'elle n'aboutit pas à l'exploitation de l'homme par l'homme mérite d'être encouragée. La liberté d'entreprendre va dans le sens de la stimulation de la créativité des Camerounais. Je suis convaincu de ce que l'émulation et la compétition sont des facteurs d'épanouissement des plus hautes facultés de l'homme. Par conséquent, leur suppression, dans une organisation de la production où s'affirme seule la volonté d'un collectif quelconque, peut avoir pour conséquence de démobiliser les énergies et les ambitions individuelles et finalement d'engendrer la médiocrité. Pour toute organisation du travail, il faut éviter d'anesthésier chez les individus le nerf de l'ambition. En effet, il est illusoire d'espérer qu'on pourrait lui substituer avec succès le nerf de la responsabilité pour la communauté. Toute anesthésie de l'ambition conduit à l'échec, quel que soit le niveau de conscience atteint par les individus concernés[79] ».

Il est essentiel que le jeune entrepreneur regagne une certaine dignité, convaincu que son combat est fondé et noble et qu'il soit rassuré sur le fait qu'en tant que créateur de richesses, donc vecteur de développement, il fait partie de l'élite sociale. Tout part d'abord d'un état d'esprit.

Le deuxième type de problème qui se pose aux entrepreneurs est lié à la mondialisation. Une entreprise installée au Cameroun dont les produits s'adressent au marché camerounais se retrouve néanmoins en compétition avec d'autres entreprises basées à travers le monde, leurs produits étant susceptibles de se retrouver

[79] Paul BIYA : Pour le libéralisme communautaire. P.128

sur le même marché, s'adressant au même public pour résoudre les mêmes problèmes. Ces entrepreneurs doivent donc se préparer à cette concurrence.

Or, en général, dans notre environnement, ils sont desservis par certaines pesanteurs comme le retard technologique, leur taille critique (capacité de production), la tendance qu'ont les locaux à faire confiance aux produits étrangers et le manque d'informations sur les marchés. Ils ont donc besoin de mûrir leurs projets, leur donner des aspects novateurs en tenant compte des réalités locales.

Le troisième type de problème tient à la mobilisation des fonds et particulièrement à la nature des fonds dont un créateur d'entreprise a besoin pour lancer son projet. Les promoteurs recherchent des capitaux longs qu'ils peuvent utiliser pendant un certain nombre d'années. Ces capitaux ne sont pas toujours disponibles auprès du système financier de notre pays constitué des établissements bancaires et pour le secteur informel, des tontines.

Quels seraient les outils à notre disposition nous permettant de remédier à ces difficultés et par la même occasion, de remplir les conditions requises pour accéder à un financement ?

Nous pensons que la direction de projets associatifs débouchant sur la création d'entreprises telles les ONG serait, dans un contexte de sous-développement économique comme le nôtre, un des moyens les plus adaptés pour y arriver.

En effet, le management d'un projet associatif à vocation entrepreneuriale pourrait conférer à son promoteur une certaine culture entrepreneuriale, une moralité de meneur d'hommes, une rigueur dans la gestion et lui faire acquérir un réseau entrepreneurial. Et en ce qui concerne le projet beaucoup plus spécifiquement, le sérieux accordé au suivie du projet associatif permettrait de le mûrir et d'y apporter des aspects novateurs quelles que soient les domaines d'activités.

Les jeunes doivent changer leur regard profane et simpliste sur les associations et voir en elles un cadre juridique permettant d'aboutir à moindre coût, au bout d'un certain cursus, à des résultats concrets sur le plan professionnel. Voir les associations comme des instruments d'affirmation d'un statut d'entrepreneur social.

Un certain nombre de projets financés par les capitaux-investisseurs, au Cameroun, ont déjà permis de réduire l'indice de pauvreté et de mettre des familles à l'abri du besoin urgent. Parmi ces quelques entreprises, nous pouvons citer IFC[80], basée à Douala qui est une entreprise de production d'aliments fortifiés dont le promoteur est Ahmadou Danpoulo Baba ; Ccic[81], basée à Douala, et spécialisée dans la production du savon (Azur) détergent, des huiles raffinées (Azur) et autres produits chimiques dont le promoteur est Nana Bouba Djodda ; une entreprise d'études géotechniques dénommée Soil & Water à Yaoundé dont le promoteur est Florent Sikali ; le Complexe avicole de Mvog Betsi à Yaoundé, ALC[82] à Douala, SITON[83] à Garoua, etc.

Toutes les histoires cachées derrière ces entreprises, dignes aujourd'hui de "success story", ne se sont pas construites spontanément. Il a fallu pour chaque promoteur, remplir les conditions nécessaires à un financement pour pouvoir matérialiser leurs idées. Les jeunes promoteurs de PME ou entrepreneurs doivent évoluer dans le souci de mériter le financement nécessaire et essentiel au déploiement de leurs activités, synonyme

---

[80] Imperial Foods Company SA.

[81] Complexe chimique et industrielle du Cameroun

[82] African Leasing Company

[83] Société Industrielle de Transformation des Oléagineux de la Ngouré

alors de maturité et de réussite et savoir que l'insertion sociale est l'aboutissement d'un processus structuré et progressif.

Dans leur cas et contrairement au cursus stéréotypé d'insertion sociale par rapport à des métiers rencontrés dans nos universités comme la médecine, pour des emplois dans le public ou le privé, ils (les jeunes promoteurs d'entreprise) ont à charge de tracer leurs propres voies.

9-4 : La culture, la religion et le développement

La quête de l'émergence oblige à avoir des pensées poussées vers l'avenir. Mais, peut-on réellement maîtriser où on va sans savoir d'où on vient ? Nous sommes bien les seuls à ne pas être assez conscient de la force que pourrait revêtir la diversité ethnique et donc, culturelle qui caractérise notre pays. La prospérité du Cameroun passe sans doute par une symbiose réelle entre ses 250 tribus, car toutes ont un certain bagage culturel renfermant beaucoup de richesses.

Il est donc nécessaire que des campagnes permanentes de sensibilisation au sein de la jeunesse camerounaise axées sur les bienfaits de la diversité culturelle et sur l'histoire des tribus soient mises en place afin de lever l'équivoque sur les identités culturelles et ainsi contribuer à combattre la méfiance et l'ignorance desquelles le tribalisme puise sa force.

Nous devons comprendre la force d'un pays où l'on parle plus de 200 langues et où cohabitent autant d'ethnies et valoriser nos traditions, car « la tradition est la base du patrimoine collectif d'un peuple. Nous ne pouvons nous définir comme camerounais sans en tenir compte. La véritable unité nationale du Cameroun ne peut pas exister sans nos rites, traditions et cultures[84] ».

Le Cameroun de demain sera porté par des jeunes qui sauront réellement s'intéresser à l'histoire et aux traditions de leurs tribus de sorte à conserver l'héritage de leurs ancêtres et à l'adapter au fonctionnement des sociétés contemporaines. La tradition a cette particularité-là qu'elle contribue fortement à rattacher l'homme à sa réalité essentielle. C'est dans la tradition que nous devons aller chercher l'enseignement nécessaire sur l'histoire de l'homme et de l'humanité.

Contrairement à l'opinion libérale, nous sommes convaincus que c'est à travers la tradition que nous retrouverons les repères nécessaires à la bâtisse d'une réelle société humaniste. Si nous refoulons nos cultures et par la même occasion nos traditions, nous courons le risque de vivre une existence décousue et somnambulique où l'on se permet chaque jour de réévaluer l'échelle des valeurs dans la société. C'est à l'intérieur de notre riche culture que nous redécouvrons l'essence des valeurs sociétales communautaires si importantes à l'instar de la solidarité.

Tout ceci constitue une source d'inspiration, d'idées et d'énergies pour la création de la richesse en terme économique et en termes d'emploi, car nous aspirons à une économie éthique et solidaire.

Toutefois, nous nous questionnons sur les potentielles raisons du non-aboutissement de la plupart des grands projets essentiels, prônés et mis en œuvre par nos dirigeants (cf. chapitre5). Quelles pourraient être les raisons de ces échecs répétés ? Et si l'une des raisons venait du fait que les Camerounais ont perdu confiance en leur potentiel en rejetant leur culture au bénéfice de

---

[84] Hiram Samuel IYODI : Mes rêves de jeunes… Le Cameroun des 50 prochaines années. Editions Veritas. P.69

cultures occidentales ? Le rejet de nos valeurs culturelles au bénéfice de la mise en avant des cultures occidentales et la perte de considération de son propre potentiel pourraient-ils être à l'origine de la médiocrité, du manque d'initiative et de créativité qui inhibent toute tentative d'émergence et de développement durable ?

Ceci n'est pas à sous-entendre que les cultures occidentales et les enseignements qui en résultent font l'apologie de la médiocrité, du manque d'initiative et de créativité. Cependant, pour nous, l'homme ne peut organiquement pas se dissocier de son identité propre. Il doit pouvoir se définir et aller au dedans de lui, d'où ne pourra se manifester qu'une considération pour l'humanité en accord avec son identité. C'est proprement se connaître pour en apprendre davantage des autres. Le défaut de l'assimilation des cultures extérieures n'est pas tant dans leur contenu, que dans les interprétations que nous en faisons. Nous allons conter une histoire pour illustrer nos propos.

C'est l'histoire d'une famille contemporaine conventionnellement constituée (un père, une mère et les enfants). Le père qui était comptable, voulait que tous ses enfants fassent des études techniques. La raison évoquée, bien que lui-même très bon dans son travail, était que le fait de travailler dans des entreprises techniques et industrielles l'avait mis au fait du traitement de faveur qu'on attribuait aux techniciens et ingénieurs (salaires importants, primes, missions…). Il voulait donc qu'à l'avenir, ses enfants soient aussi bien que ses collègues. Le contexte dans lequel le père se trouvait lui avait certainement fait oublier qu'il existe aussi de grandes entreprises commerciales, d'audits et de gestion. Comme si, ses enfants étaient naturellement voués à exercer dans des entreprises techniques.

Il mit donc tout en œuvre pour que ses enfants fassent des études techniques. Mais au final, tous s'orientèrent vers les études en science économique et de gestion –tout comme leur père– au grand désarroi de leur père.

Le fait est que les enfants étaient bons dans ce qu'ils faisaient. Le père ayant constaté l'engouement de ses enfants à leurs études, consentit à accepter la situation telle quelle. Il rassembla en quelques fichiers numériques toutes ses expériences de carrière (plus de 20 ans) et les donna à ses enfants –comme une tradition transmise– pour qu'ils soient plus performants dans leur travail et améliorent de ce fait la performance de leurs entreprises respectives. Les enfants excellaient donc dans leur travail.

Nous nous demandons si tel aurait été le cas, s'ils avaient opté pour d'autres orientations professionnelles. Pas qu'ils n'auraient nécessairement pas bien travaillé ; mais, est-ce que le degré d'épanouissement aurait été le même…

Le plus intéressant dans cette histoire est que, s'étant rendu compte de la continuité dans le choix professionnel, l'un des enfants entreprit de retracer l'historique du choix professionnel de tous les membres de sa grande famille. Il se rendit compte que presque tous les frères de son père, à l'exception d'un seul, s'étaient orientés vers les professions en science économique et de gestion –comme preuve d'une identité spécifique–. Il devenait donc évident pour lui que son choix professionnel n'était pas simplement dû au hasard.

Pour qu'une société fonctionne bien, chacun doit occuper une position spécifique, fonction de qualification spécifique. Nous aurons alors des politiciens, des économistes, des juristes, des techniciens, des militaires…

Nous pensons que les uns s'assimilant aux autres du fait des considérations illusoires, se fondraient dans la médiocrité et ne permettraient pas à leur société de se développer durablement. Il est important d'être en accord avec son identité culturelle.

Avant de penser aux théories d'émergence diverses, nous devons en priorité penser à mettre en place un renouveau culturel, car la vulgarisation de la culture redonnera, à coup sûr, aux Camerounais, l'amour de la patrie et le vrai sens de la dignité humaine collective qui leur permettront de se débarrasser de leur complexe afin de trouver pour le pays la meilleure voie pour un développement durable. Ce sont les fondements d'une culture très riche qui portent les ressorts du développement réel et durable d'une nation.

Prenons le cas de la Chine qui crée des emplois, booste la créativité et attire des investisseurs et des partenaires par le biais des arts martiaux, d'une médecine propre, des soins diététiques, etc., qui représentent en fait son patrimoine culturel. Et maintenant, imaginons quels pourraient être les bénéfices sur les plans social et économique par rapport à des actions similaires pour un pays comme le Cameroun où cohabitent près de 250 ethnies. « Cameroun Afrique en miniature », il faut savoir que la diversité ethnique, le climat et la géographie qui caractérisent notre pays font partie intégrante de notre culture et il est de notre devoir, nous jeunes, de mettre tout ceci en valeur.

Nous devons nous employer à la protection de notre culture en préservant toutes les tribus qui la composent. C'est dans ses langues, ses rythmes et ses traditions que le Cameroun à travers chaque Camerounais ira trouver sa véritable raison d'être et de perdurer.

L'un des moyens les plus adaptés pour les jeunes de faire la promotion de la réhabilitation et de la valorisation de chaque culture et de la culture nationale serait de se réunir autour des projets associatifs et de mettre sur pied des ONG dont les objectifs iraient dans ce sens.

L'Etat doit encourager les initiatives culturelles en créant des prix destinés aux jeunes, faisant la promotion de notre immense patrimoine culturel. Dans la même optique, il faudrait penser à introduire dans nos écoles, lycées et universités des modules d'apprentissage de nos langues et de nos traditions.

Si l'élément culturel n'est pas placé au centre de toute politique de développement, les réformes économiques, bien que proprement élaborées, pourraient toujours revêtir un caractère de "lettre morte" ; même si développement économique il y a, cela ne perdurera pas. Nous pensons donc avec conviction qu'il ne pourra pas se réaliser un développement économique et social sans développement culture[85].

Ceci étant, à côté du fait culturel et traditionnel, nous décelons un autre élément sociétal tout aussi important contribuant à définir la place de l'individu et soutenant le culte de ce dernier dans la société et influant sur le climat social ambiant de cette dernière. Il s'agit de la religion. Bien que cette dernière soit foncièrement tributaire de la culture, dans le cadre de cet essai, nous aborderons le fait religieux de façon parallèle.

Dans notre quotidien, quel que soit le statut social que nous revêtons, nos actes sont grandement motivés par rapport aux valeurs que nous avons assimilées. L'ensemble d'actes rituels liés à la conception d'un domaine sacré distinct du profane et destinés à mettre l'âme humaine en rapport avec DIEU, contribue fortement à définir et à asseoir ses valeurs. Si nous aspirons effectivement à créer un véritable renouveau camerounais, dont les manifestations visibles seraient une réforme du code de la famille, une valorisation plus poussée de nos traditions, une relance économique pertinente, l'abolition progressive de la corruption et du népotisme, une

---

[85] Cette thèse est soutenue par un bon nombre de personnes.

manifestation plus visible du devoir de solidarité et une politique gouvernementale équitable, il est essentiel de s'appesantir sur le sujet, qu'est la religion.

Une nation tire sa force de celle de la classe dirigeante et de l'élite qui la compose. Le fait que des fléaux comme la corruption et le détournement des fonds publics, pour ne citer que ceux-là, s'épanouissent dans notre pays, dénote du seuil de l'échelle des valeurs qui anime notre nation en générale.

Nos esprits doivent être revêtus de valeurs hautes telles que la famille, la responsabilité, la liberté, l'équité, le respect, la solidarité, la loyauté et l'humilité (cf. chapitre 10) si nous voulons espérer l'avènement d'un pays émergent dans toute sa splendeur. La manifestation de concepts comme l'excellence, le travail, l'entraide, la confiance en soi et en l'avenir, devrait se ressentir dans les acteurs de notre société côtoyant le monde religieux.

Quel que soit le niveau de compréhension d'un individu, du moment qu'il fréquente le monde religieux, il devrait pouvoir comprendre et promouvoir les valeurs sues citées. La religion a le devoir de véhiculer des enseignements et de pratiquer des rituels capables de nourrir l'âme de l'homme en élevant et en fortifiant ses valeurs. Cette aptitude de la religion se vérifiera donc dans les effets visibles qu'elle produira au travers de ses adeptes. Tel est la raison sociale de la religion.

Du fait qu'il y ait un seul être suprême, la religion ne peut véhiculer par ici et par là-bas et selon des humeurs disparates, des valeurs différentes parce que la souche est la même. Il ne devrait pas se manifester chez des religieux des notions comme l'égoïsme, l'individualisme, la suffisance, la malhonnêteté, la paresse et le laxisme. La religion contribue à mouler et fortifier l'intérieur pour une manifestation extérieure.

Cependant, dans notre société, nous assistons à une manifestation tout à fait différente de ce que devrait refléter le fait religieux. Paradoxalement à ce qui devrait-être, les personnes les plus égoïstes, malhonnêtes, paresseuses et superstitieuses sont des religieuses. Cela est grandement dû à une prolifération de faux prédicateurs qui ont peu ou pas de foi et qui sont animés par des intérêts financiers, profitant ainsi de la faiblesse des populations fragilisées par le climat de notre société.

Profitant de la situation fragile des personnes qui composent notre société, des illuminés se sont érigés en maîtres de culte et en encadreurs spirituels. Lorsque la religion ou le service sacerdotal devient un moyen pertinent d'insertion sociale, dans une société où les choix de vie sont de plus en plus réduits, la malhonnêteté s'installe. Les gens ne servent plus DIEU par vocation, mais par souci de sécurité sociale. La prolifération d'églises improvisées, anarchiques ou ambiguës en est la preuve sensible. Tout le monde pense qu'il suffit de lire la BIBLE ou les saintes Écritures, d'en connaître « par cœur » les passages et de scander le nom de DIEU pour être un homme de DIEU. Mais il n'en est rien.

Un homme de DIEU est une personne capable d'inspirer des valeurs nobles, comme celles citées plus haut, et de les communiquer aux autres atours d'elle. Et de fait, l'assimilation de ces valeurs nobles devrait produire des personnes plus responsables et entreprenantes.

Il est nécessaire que des personnes spécialisées encadrent de manière spécifique des adeptes pour un résultat satisfaisant. Nous devons bien comprendre l'importance du fait religieux dans une société et pour une société de personnes. Il contribue au culte de l'âme chez l'homme, principe fondamental de sa définition propre, dans un ensemble et pour un ensemble.

La religion doit obéir à un canevas précis pour le bien de la communauté. Tous les cultes religieux ou lieux de cultes religieux qui dans le temps au vu de constats précis et palpables auraient motivé la naissance de personnes animées de valeurs négatives se manifestant de façon néfaste sur notre environnement, devraient être mises en cause.

Les défis sont grands à relever pour une nation comme la nôtre où tant de choses restent encore à réaliser pour sa maturation et son épanouissement. Nous nous devons de ne négliger aucun paramètre afin d'atteindre les objectifs visés. Ainsi, conscient et convaincu que les actes sont subordonnés à la pensée et que le matériel doit se subordonner à l'homme, tout élément entrant dans le culte de cet homme doit-être minutieusement évalué.

De ce fait, les programmes alimentaires et d'éducation physique, les programmes scolaires, les programmes d'éducation civique et morale et plus encore, le fait religieux doivent être des préoccupations fortes du pouvoir de décision pour le bien communautaire. Le renouveau national s'accomplira avec des personnes animées de valeurs hautes ou ne sera pas.

9-5 : La nécessaire révolution

L'objectif non voilé de ce chapitre, qui se trouve être le plus long de cet ouvrage, était de démontrer l'utilité et la place de choix, que devrait avoir l'entrepreneuriat dans une optique de développement global pour une nation comme la nôtre. Nous avons démontré l'importance que pouvait revêtir la mise à contribution des mouvements associatifs dans une pluralité de secteurs d'activités, cités ici de manière non exhaustive, pour le développement de la communauté.

C'est dire que l'entrepreneuriat, plus encore l'entrepreneuriat social et plus spécifiquement celui au sens des ONG, devrait être un levier de choix pour une jeunesse en quête de distinction.

Ceci étant, au sujet du crédit que devrait avoir les associations ou les ONG, il nous souvient le discours d'une personne qui méprisait le statut d'ONG en général. Elle prétendait que les ONG n'étaient que des institutions "relais" qui mendient d'une main pour rendre de l'autre. Cette personne faisait une comparaison entre les entreprises et les ONG et pour elle, il n'y avait pas de raisons d'encourager les jeunes à se tourner davantage vers la création d'ONG que d'entreprises.

Nous avons déjà à juste titre, dans cet ouvrage, souligné combien à travers la création d'une entreprise, une personne démontrait sa valeur. Mais, nous n'avons pas à suffisance dit à quel point, il peut aussi être difficile de justifier la confiance de la communauté à l'endroit d'une tierce personne, via l'administration d'une association.

En contexte camerounais, pour qu'une association bénéficie d'un accompagnement quelconque dans l'accomplissement de la responsabilité[86] qui est la sienne, il faudrait au préalable qu'elle le justifie au bout d'une certaine période de travail ardu.

S'il faut réduire le fait associatif au sens de la gestion de biens d'utilité publique à une fonction de relais, que dire de l'administration publique. Indépendamment de cela, une ONG pour être reconduit dans son statut doit être, à périodicité régulière, évaluée sur son rendement.

Aussi, nous ne discutons pas ici de ce qui est, mais de ce qui devrait-être. Le fait que certaines personnes aient fait d'une institution un objet de perversion et de prévarication ne veut pas dire que cette dernière soit foncièrement mauvaise. De nos jours nous avons des

---

[86] Cette responsabilité est au premier degré, celle de l'Etat qui au travers du président de la république, donne mandat au gouvernement pour y répondre.

personnes qui créent des associations, griffonnent sur des papiers un projet et se tournent immédiatement vers des tiers pour solliciter des fonds. D'autres, publient des photographies douteuses, voire empruntées et à peine expressives, et engrangent d'importants moyens financiers.

Le plus alarmant n'est pas tant l'attitude de ces personnes-là, qui n'agissent d'ailleurs que selon les dispositions de leur cœur, mais celle de leurs semblables qui consentent à les soutenir. Comme si, on avait juste à cœur de justifier des dépenses.

Non seulement l'entrepreneuriat social au sens des ONG est un modèle entrepreneurial capable de faire progresser notre société, mais il s'agit aussi d'une manière de procéder qui est conforme à notre vocation essentielle. A travers cet outil, nous accomplissons notre devoir vis-à-vis de la société et pour la communauté.

Le changement brusque et important dans l'ordre social et moral ; la transformation complète qui doit survenir nous entraînera inéluctablement vers un retour au point d'origine de notre orbite astrale. Vers ce que nous sommes, ce que nous avons toujours été. Il s'agit d'opérer une révolution pour la révolution.

L'une des raisons pour laquelle, dans notre contexte, les uns et les autres sont de moins en moins portés vers des œuvres sociales et solidaires est symptomatique de l'empoisonnement de notre pensée par des facteurs extérieurs. Nous pensons et exprimons au travers de nos actions que, nous avons davantage à réclamer qu'à rendre. Nous focalisons nos pensées sur nos droits et sommes réfractaires à nos devoirs. Nous avons hérité et vivons dans une société de droit. A quand une charte des "devoirs de l'Homme".

Et pourtant si on prend le temps d'y songer de manière rationnelle, nous ne sommes pas de par notre philosophie, la place que nous consacrons à l'Homme dans la société et dans l'univers et notre idéologie, vouée à nous épanouir non dans une société de droit, mais plutôt dans une société de devoir. Devoir envers notre semblable, devoir envers notre famille et devoir envers la communauté.

L'existence et la présence d'un système tributaire de réformes basées sur ce que devrait être une société de devoirs est, non seulement nécessaire pour répondre aux besoins sociaux de nos populations, mais aussi est, une condition sine qua non qui seule rendra possible la vision d'environnement propice à l'émancipation, à l'accomplissement et à la réalisation des Hommes dans la société.

Il ne s'agit là, ni plus ni moins, que d'une nécessaire révolution[87]. Le mouvement des ONG, faisant office pour nous de primordiale révolution, viendrait enclencher une vague souple, progressive et pertinente de changement dont vous-même qui lisez en ce moment ces lignes ne pouvez concevoir et caractériser toute la magnificence qui en découlerait.

La solidarité entre les individus se transmettra aux institutions, tout en les rendant plus performantes. De grands groupes multinationaux se créeront dans un élan de compétitivité et non de compétition. Les Hommes auront des emplois à vie sans risque de licenciement et auront une forte aptitude à occuper des fonctions correspondantes à leur qualification professionnelle ou à leur potentiel d'évolution, dans le contexte du marché de l'emploi. Les emplois répondront aux besoins vitaux et le niveau des infrastructures s'améliorera énormément.

---

[87] Ici, le mot révolution a deux sens. Il désigne non seulement le changement dans l'ordre social et mental, mais aussi le retour périodique d'un astre à un point de son orbite. Ce second sens met en avant la conviction que nous avons de voir notre société retourner peu à peu à une culture qui lui soit propre.

Aussi, nous souhaitons que le premier jalon de tout cela, qui se matérialisera par la mise en valeur de l'économie sociale et solidaire à travers la création des ONG, soit posé par les jeunes. Par là, ils s'inséreront dans la société tout en participant de manière significative et déterminante au développement.

Nous ne nous faisons cependant pas d'illusion, cela ne sera pas une sinécure. Nous devrons justifier notre avenir. Et à ce sujet, grande est la confiance que nous avons en la jeunesse. Elle accomplira ce qui doit l'être par devoir de mémoire, en vertu de sa condition et pour l'espoir. De notre jeunesse viendra la nécessaire révolution.

Chapitre 10
Valorisation des valeurs comme sources inépuisables d'inspiration

Nos propositions plaçant toujours l'Homme au centre des initiatives et des réalisations, il nous semble important de souligner le caractère émancipé que devrait revêtir l'esprit de ce dernier. Quand on pense à toutes les insuffisances dans ce domaine qui caractérisent la majorité des composantes de la communauté jeune, nous ne pouvons ne pas souligner que c'est justement cette émancipation d'esprit qui nous permettrait en premier ressort d'atteindre nos objectifs.

Car, s'il est vrai que nos objectifs se concentrent sur la réalisation d'ambitions des individus, en vue d'un mieux-être matériel, cette quête matérielle est encore plus motivée par la crise financière qui a secoué le pays, et qui cache une autre crise tout aussi, sinon plus importante, agissant comme un catalyseur : la crise des valeurs morales.

En fait, cette crise des valeurs morales est d'autant plus d'actualité que nous africains, n'avons pas une bonne conception de nous. Il a toujours été présenté par des étrangers l'image d'une Afrique faible et incapable qui n'a d'autre choix, afin de survivre, que de remettre la responsabilité de son destin entre les mains d'autres personnes. Image que nous avons, souvent malgré nous, acceptée. Et parce que nous croyons que nous ne sommes pas capables, on s'empêtre dans la médiocrité et nous nous complaisons dans l'inaction.

Il faudrait donc nous émanciper. Par là, nous parlons du processus par lequel nous nous affranchirons de la servitude et des préjugés qui nous étreignent. Nous devons travailler à modifier la conception que nous avons de nous-mêmes et de notre environnement, car elle affecte nos idées et nos attitudes et de fait, notre vie quotidienne.

Le fait est qu'on n'est capable de concevoir que ce que notre esprit est capable de percevoir.

Généralement, nous peignons un tableau de nous-mêmes et du monde autour de nous, en grande partie, sur la base de nos expériences passées, des faits vécus et des paroles entendues. Imaginons donc quelle pourrait être l'image d'elle-même et du monde que pourrait avoir une civilisation ayant séculairement subi l'esclavage, la colonisation et qui subit encore aujourd'hui la néo-colonisation. Ces idées fausses ont donc été semées en nous. Nous les avons acceptées et nous les concevons. Nous idéalisons donc l'homme blanc et les campagnes de propagande faites à travers la télévision n'arrangent rien.

A ce sujet, nous avons constaté que la mauvaise tendance qu'on nos femmes ou nos jeunes femmes à vouloir corriger leur épiderme afin qu'elles puissent tendre le plus possible vers la couleur blanche, est en fait l'expression d'un complexe de la peau noire vis-à-vis de la peau blanche. Preuve en est faite que lorsqu'elles s'emploient vigoureusement à se dénaturer, elles prétendent alors "nettoyer la peau".

Nous profitons donc de cette opportunité pour vivement féliciter et encourager la jeunesse entreprenante et innovatrice qui s'identifie à travers le cinéma, la musique, la peinture, l'écriture et l'art en général. Elle redore le blason, met en exergue les potentialités et rehausse l'image d'une jeunesse africaine fière et capable qui croit en elle plus qu'en quiconque, en vantant ses talents aussi bien à l'intérieur des frontières qu'à l'extérieure. Elle ose et nous en sommes fières. Voilà des moyens efficaces de motiver notre émancipation.

Il est question de nous affirmer. Pour y parvenir, nous devons être moins paresseux, arrêter sans cesse de rejeter la responsabilité de notre état sur d'autres en prenant des initiatives, avoir confiance en nous et en nos potentialités, être objectifs, visionnaires et disciplinés.

La société responsable, prospère et épanouie que nous aspirons à bâtir se verra minée de l'intérieur si nos actions ne reposent pas sur des valeurs morales et spirituelles fortes. Nous pensons alors, qu'il serait idoine de redéfinir certains concepts moraux jugés de valeurs entendus ici comme des qualités que l'on souhaite à l'homme dans le domaine moral, intellectuel et professionnel qui le certifient digne d'estime. Aussi, nous proposerons quelques réaménagements dans notre système de gestion sociétale, afin de susciter permanemment en chaque citoyen un sentiment d'attachement et de redevance à la nation, le poussant à ne pas la desservir et à travailler pour son progrès.

10-1 : Les valeurs sociétales

L'on ne peut que récolter ce qu'on a préalablement semé. C'est une règle universelle qui s'applique à tous et partout. La plupart du temps, même lorsqu'on a l'impression de maîtriser la situation, l'on oublie de se remettre perpétuellement en question, pour savoir exactement quels sont nos mobiles.

Nous prenons alors des engagements et des décisions qui servent à des besoins très localisés et dont la durée de vie est déterminée. Nous devons cesser de prendre pour modèles des personnes physiques de grande renommée par rapport à ce qu'elles ont fait pour le monde, car elles incarnent plutôt des idéologies que nous nous devons de comprendre. Nous devons regarder au-delà des apparences et percevoir ce que symbolisent ces personnes et nous en inspirer.

Il est question de combattre le sous-développement mental qui est pour nous le premier facteur du sous-développement, en ce sens que des projets de grande envergure conduits par des personnes de peu de culture intellectuelle, spirituelle et éthique, sont voués à une progression monotone.

Nous souhaitons pour les futurs dirigeants de notre pays qui proviendront de la jeunesse d'aujourd'hui une élévation aussi bien mentale que spirituelle qui, pour nous, ne peut s'éveiller qu'en s'inspirant de ce que nous qualifions de valeurs sociétales et où nous aimerions voir des personnes venir se ressourcer et même ériger ces valeurs en mobile de vie. Nous nous proposons alors, de développer, ce qui pour nous, sont des notions importantes en nourrissant l'espoir de voir des jeunes tirer leurs inspirations non pas des hommes, mais des valeurs.

Il nous semble alors naturel de rappeler en premier ressort l'importance et la place de choix que la notion de famille devrait avoir dans nos esprits pour nous qui voulons espérer en une société meilleure.

La famille, à notre avis, a une double dimension la première étant physique et la seconde spirituelle. Nous entendons par dimension physique l'aspect visible de ce qu'est une famille conventionnelle c'est-à-dire papa, maman et les enfants. Et par dimension spirituelle qui est pour nous la plus intéressante, cette modélisation des actions divines en ce sens du don de la vie.

Lorsqu'un homme décide de prendre une femme pour épouse et de fonder un foyer, il perpétue l'œuvre de DIEU, il est proprement à l'image de DIEU dans cette action en ce sens qu'il fait naître de nouvelles consciences dont il est entièrement responsable. Le chef de famille a la lourde tâche de créer au sein de sa famille une atmosphère sereine de telle sorte que toutes ses composantes se sentent en sécurité, aimées, comprises et soutenues afin que la maison se transforme en un véritable foyer.

Bien que cette tâche soit extrêmement compliquée, parce qu'il est important de remarquer que la famille est l'ensemble le plus difficile à fédérer, le poids des choses pourrait être considérablement atténué si nous commençons d'abord par définir ce que nous recherchons réellement.

Nous pensons que le tout vient de la base, nous devons fonder des familles pas seulement parce que cela sonne bien à l'oreille, mais en étant conscient de ce qu'on fait. Et en s'engageant à considérer la famille comme le projet de société le plus important. Nous sommes intimement convaincus qu'une famille normalement constituée et épanouie, quand on considère les différents caractères qu'ont les uns et les autres, se verrait récompenser par d'abondantes grâces.

Nous devons faire la promotion de la famille comme le berceau de l'amour, du respect, de la tolérance et de l'acceptation du prochain afin d'espérer impacter la société pour une efflorescence efficiente. C'est justement dans ce sens que BALZAC déclare que « La famille sera toujours la base des sociétés ». Le Cameroun prospère de demain que nous voulons bâtir devra être porté par les jeunes d'aujourd'hui qui auront pris le temps de construire minutieusement un bon concept de famille.

Chaque composante d'un ensemble comme la famille devrait, à son niveau, respecter les engagements pris envers celui-ci afin d'espérer de bons résultats. Mais grands sont notre peine et notre désarroi lorsque nous rencontrons des personnes se portant garantes, de manière volontaire, des responsabilités, mais qui, lorsque les bilans semblent négatifs rejettent la faute sur des tiers. Pour nous, c'est de la pure lâcheté.

Lorsqu'un pays va mal, la personne à qui on demande des comptes est le président de la République, lorsqu'une entreprise se porte bien les mérites reviennent au manager général, lorsqu'une famille a des difficultés c'est le chef de famille qui doit se porter garant d'assumer les responsabilités.

Nous devons avoir non seulement le courage, mais aussi l'honnêteté d'assumer les engagements que nous prenons. Etre libre de faire des choix, oser faire les choix en fonction de ce que nous sommes, de ce à quoi nous voulons aspirer et assumer les conséquences de ces choix sont pour nous des notions importantes que tous les futurs dirigeants de notre pays doivent marquer en lettre d'or dans leur esprit.

Nous pensons alors, que la liberté dans nos choix de vie qui engendrerait des responsabilités – qui elles ne sont donc plus choisies, d'où la nécessité de rendre des comptes – nous permettrait de mieux les assumer. Remarquons que les choix que nous opérons de manière volontaire sont différents des choix dont nous nous sentons contraints d'assumer la responsabilité.

Il est indéniable que chaque personne a un certain potentiel et même que le potentiel des autres est plus important encore. Un potentiel qui ne demande qu'à être exprimé, mais qui se heurte le plus souvent à des contraintes liées aux obligations du quotidien. En fait, nous pensons que le potentiel d'un individu ne saurait clairement s'exprimer s'il n'est pas totalement libre dans son esprit ; sous réserve de considérer son semblable. Nous, jeunes, devons nous lancer à la quête de la liberté de penser et d'agir, afin d'accroître nos potentiels rendements. Nous devons faire abstraction des besoins du ventre et élever nos esprits afin de penser et d'agir en Homme libre, du pays.

Ceci dit, certaines personnes pourraient se demander, comment produire un bon rendement, comment avoir une certaine liberté d'esprit lorsqu'on a faim ? En fait la faim n'est qu'illusion. Il nous vient à cet effet à l'esprit les mots prononcés par notre père lors d'une discussion dans laquelle il déclarait « qu'une personne investit de certaines qualités intellectuelle, morale et spirituelle ne peut manquer de quoi manger ou vivre, mais pourrait manquer de quoi bien vivre ». Encore que le fait de bien vivre assimilé ici au bien-être d'un individu est une notion très subjective par rapport à l'individu. Nous pensons que l'erreur survient lorsque nous voulons régler notre conception du bien-être (liberté) par rapport à celle de notre voisin.

Nous courrions alors le risque de nous retrouver prisonnier d'une vie qui n'est pas la nôtre, atrophié dans l'esprit, la conséquence directe serait de mal apprécier les situations, les possibilités et les opportunités autour de nous et par la même occasion, fausser nos jugements. DUHAMEL déclare : « la pure justice n'est pas charitable, la grande charité n'est pas juste. » Nous sommes totalement de son avis lorsqu'on considère que la justice est la juste appréciation et reconnaissance des droits et du mérite de chacun, et de ce fait ne laisse pas une grande marge de manœuvre à la charité et au favoritisme. Nous devons nourrir un amour distingué pour la justice, la vraie qui, pour nous, est l'équité. Cette « vertu qui consiste à régler sa conduite sur le sentiment naturel du juste et de l'injuste[88] » et ne ménager aucun effort pour toujours la faire valoir. Promouvoir l'équité, c'est promouvoir le juste et le mérite et promouvoir le juste et le mérite c'est promouvoir le développement, car au-dessus même de la justice, se trouve l'équité.

---

[88] Grand Robert, dictionnaire de la langue française de 1976

Cette juste appréciation du bien et du mal ne devrait pas manquer de susciter en nous un certain respect vis-à-vis de ce qui doit l'être. Nous avons tous autant que nous sommes un esprit de discernement qui nous permet de savoir ce qui est bien et ce qui est mal ; ce qui a de la valeur et ce qui n'en a pas, il suffit juste de ne pas omettre cela afin de satisfaire des émotions futiles[89]. L'élévation personnelle de l'Homme vient tout d'abord de son discernement et de son honnêteté à accorder à une personne physique ou morale une considération admirative, en raison de la valeur qui lui est reconnue et à se conduire envers elle avec réserve et retenue. Le respect est donc une valeur essentielle.

A notre avis, quelqu'un qui omet de reconnaître et de respecter la valeur d'autrui ne pourrait pas lui-même suffisamment apprendre du monde, nous devons élever la notion de respect dans nos esprits en principe et reconsidérer nos actions vis-à-vis de cela, car, respecter autrui c'est se donner à soi-même une valeur inestimable.

Cette notion de respect est d'autant plus importante que nos sociétés sont structurées de telle sorte que nous ne pouvons omettre la présence d'une tierce personne près de nous. Pour pouvoir nous développer personnellement et de ce fait notre entourage, nous devons cultiver en nous un sentiment d'inter dépendance vis-à-vis de nos semblables, rechercher l'intérêt chez le prochain, même s'il nous est très inférieur, de sorte à créer des obligations morales qui nous pousseront à ne pas desservir l'autre et à lui porter assistance.

Bien que nous n'ayons ni les mêmes centres d'intérêt, ni les mêmes besoins, nous pensons que seul un élan de solidarité sincère envers un prochain susciterait, dans la

[89] Toutefois, il est bon de souligner qu'en ce qui concerne les individus vivants en société, c'est généralement celle-ci qui inculque les valeurs au moyen de l'éducation

plupart des cas, des sentiments de redevance et d'entraide qui ne peuvent que contribuer à améliorer nos rendements personnels quel que soit le domaine d'activité dans lequel nous choisissons d'exercer.

Cette solidarité quotidiennement observée dans tous les aspects de la vie nationale devrait demeurer un devoir, car « la société camerounaise moderne, dont nous appelons l'éclosion et l'épanouissement, serait un géant aux pieds d'argile si elle ne se nourrissait pas de ses valeurs traditionnelles aussi nombreuses qu'enrichissantes. L'une de ces valeurs fondamentales est le sens de la collectivité ici présentée comme devoir de solidarité[90] ».

Ceci étant, considérant les notions sues énoncées et le fait que nous aspirions à bâtir des systèmes inébranlables, nous pensons que la fidélité dans les engagements pris constitue un principe important. Aussi vrai que la loyauté désigne un caractère de fidélité à tenir ses engagements, à obéir aux règles de l'honneur et de la probité, cela désigne pour nous une notion à laquelle, si nous voulons progresser, il faut obligatoirement s'identifier.

Faire preuve de loyauté envers une personne ou un système, c'est contribuer à former un bloc impénétrable, à consolider un ensemble, à cultiver la confiance pour espérer atteindre des objectifs précis. Etre loyal est proprement un appel au devoir.

A ce sujet, il nous souvient une histoire qui s'était déroulée dans un établissement scolaire de la ville de Douala. Tous les élèves d'une classe avaient été punis par le chef d'établissement pour une faute commise. Cependant, les élèves qui avaient estimé être sujet à une grande injustice, décidèrent d'un commun accord de ne pas exécuter la sanction. Toutefois, une poignée d'entre eux (moins de cinq élèves) allèrent, à l'insu des autres, se

---

[90] Paul BIYA : Pour le libéralisme communautaire. Editions Pierre Marcel FAVRE/ABC P.130

présenter devant le chef d'établissement pour exécuter la sanction ; comme pour faire bonne figure devant ce dernier. Mais grande fut leur surprise lorsque le chef d'établissement les eut punis doublement et sévèrement, car il estimait, au-delà de la faute commise par ses élèves, avoir le devoir de ne pas laisser des attitudes déloyales s'épanouir dans l'esprit des élèves dont ils avaient la charge.

Bien que cette énumération et ces argumentations n'engagent que nous, nous invitons tous nos concitoyens à s'appesantir et à méditer sur ces dernières et indiquons ce faisant que toutes ces notions ne sauraient endosser un sens réel que si elles sont régies par un profond sentiment d'humilité qui représente à nos yeux la plus grande vertu que puisse avoir un Homme. L'humilité nous enseigne à toujours nous remettre en question en considérant le contexte dans lequel on évolue et à rester à la place qui est la nôtre quel que soit le degré de nos aptitudes.

En cette période de renouveau, il faut que chaque jeune en premier ressort puisse se définir, fonder pour lui une devise et des mobiles basés sur des valeurs spirituelle et éthique pouvant guider chacun de ses pas. Et ensuite, en considérant son environnement fonder une définition de ce dernier dans lequel il intègre son prochain et s'y subordonne.

10-2 : Regard critique sur les propensions conceptuelles de la notion d'association

La pyramide des besoins du célèbre psychologue Abraham Maslow, bien que conçue au début des années 50 (*Motivation and Personality, New York, Harper et Row, 1954*), est aujourd'hui encore, malgré le fait que certaines personnes la remettent en cause, un bon outil d'analyse et de compréhension des aspirations comportementales des Hommes. Elle met en évidence et hiérarchise en cinq niveaux les besoins individuels des Hommes en fonction du degré de priorité. Au troisième niveau hiérarchique de cette pyramide des besoins, après les besoins de base constitués par les besoins physiologiques et de sécurité et avant les besoins d'estime de soi et de réalisation de soi, nous avons les besoins d'amour et d'appartenance.

Les relations que nous entretenons avec d'autres personnes sur un plan affectif sont un moyen de satisfaire à ce besoin essentiel. Et donc, les relations que nous établissons dans la famille, avec un conjoint, des amis, des groupes sociaux, etc., sous réserve de s'identifier à ces derniers, nous permettent d'exprimer notre conception de l'amour et d'en recevoir en retour au risque d'être sujet à d'importants déséquilibres mentaux. L'Homme pour s'épanouir a donc besoin d'établir des relations étroites avec ses semblables et exprime le besoin de s'associer à eux.

Conscient donc de ce besoin, commun à la nature humaine, de faire quelque chose ensemble et de construire ensemble, l'Etat a promulgué des lois encadrant ces associations de personnes sur un plan juridique.

Toutefois, afin de lever toute ambiguïté sur la notion d'association et de fait, freiner les ardeurs de toute personne voulant nous disperser, nous soulignons que nous ne discuterons pas ici de toutes les formes de regroupement des Hommes dans la société. Si tel était le cas, nous assimilerions aussi à la notion d'association les partis politiques, les syndicats, les sociétés de personnes et de capitaux et même les coopératives ; pourtant il n'en est rien.

Nous discuterons ici, suivant les dispositions légales et réglementaires portant sur la liberté d'association[91]. Ainsi, dans ce contexte, une association est tout regroupement de personnes mettant en commun leurs ressources pour un but autre que celui de partager les bénéfices.

---

[91] La loi N° 90/053/ du 19 Déc. 1990.

Et donc, les analyses comportementales que nous édicterons ici, fonction des inclinations ou tendances naturelles des Hommes vis-à-vis de l'idée générale et abstraite qu'ils se font de la notion d'association, se porteront uniquement sur les regroupements de la société civile répondant au régime de déclaration portant liberté d'association.

Ayant constaté, du fait de notre proximité avec la société civile, que les associations de jeunes en général ont une durée de vie très limitée dans le temps et que ces regroupements ne produisent pas toujours l'impact escompté ; nous nous sommes questionnés sur les raisons de ce manque d'objectivité et d'efficacité.

L'objet de cette critique sera donc d'apporter des essais de solutions à ces insuffisances, sur la base de raisonnements scientifiques et philosophiques dans le but d'orienter les actions dans un sens souhaité.

En contexte sociétal, l'Etat se porte garant de l'épanouissement des Hommes dans la société. Cependant, s'étant rendu compte de ses limites en termes de proximité avec les citoyens pour la résolution de leurs difficultés, il fut mis sur pieds un autre cadre juridique devant permettre à l'Etat de se faire seconder dans sa prérogative d'Etat providence, par les membres de la société civile pour la résolution de problèmes des ménages quel que soit le domaine de compétence (social ; sanitaire ; juridique ; humanitaire…).

C'est ainsi que la loi portant sur la liberté d'association fut promulguée. Idéalement donc, les associations seraient mises sur pieds pour répondre aux besoins des ménages par rapport à des missions qui sont du ressort de compétence de l'Etat. Les associations géreraient donc institutionnellement. C'est-à-dire qu'elles géreraient des biens d'utilité publique.

Cependant, dans les faits, nous constatons que les associations prennent différentes orientations et pourtant elles sont inscrites et soumises au même régime de déclaration.

Nous avons d'une part, les associations qui favorisent l'épanouissement de leurs propres membres à travers les services qu'elles rendent à ces derniers. Ici, nous constatons que les personnes s'associent de deux (2) manières différentes ou suivant des aspirations différentes. Certaines personnes se mettent ensemble dans un intérêt financier, convaincu que par là les membres trouveraient des raisons de s'épanouir en solutionnant leur problème. Nous parlerons des "tontines" ou des "réunions". Et d'autres se mettent ensemble en prenant soin d'ôter tout intérêt financier à leur regroupement convaincu qu'il, pourrait à l'origine des problèmes. Nous parlerons des "amicales".

Et d'autre part, les associations qui promeuvent le développement communautaire à travers les services qu'elles rendent à des tiers. On les appelle aussi « association de développement ». Ici également, les Hommes se mettent ensemble suivant deux (2) aspirations différentes. Certaines personnes se mettent ensemble afin de réaliser un idéal de développement dans un secteur d'activités précis et idéalement être reconnues d'utilité publique. Nous parlerons des "associations à vocation entrepreneuriale" ou "ONG". Tandis que d'autres personnes se mettent ensemble pour avoir une certaine audience et un certain crédit auprès d'une population cible par le biais d'actions sociales afin de réaliser des objectifs d'ordre politique. Nous parlerons d'"associations d'audience". Ces dernières ont une forte connotation politique.

Des faits mis en évidence, nous distinguons quatre (4) types d'associations suivant deux catégories distinctes. Le critère de classification nécessaire étant l'objet de leur création traduit dans les objectifs de l'association, mais aussi, le degré d'homogénéité de la composition des membres, leurs moyens d'action, la devise ou le slogan et même le nom de l'association.

Nous avons donc, les tontines, les amicales, les ONG et les associations d'audience.

Cependant, dans les faits, nous constatons que des personnes peuvent se regrouper sous forme d'amicale, mais commenceront à se comporter, suivant l'ordonnancement de leur statut, comme on le ferait dans une tontine. D'autres prétendraient se regrouper sous forme d'une ONG, mais afficheraient des comportements et des attitudes qui feraient penser qu'elles ont des aspirations politiques, etc. Tout ceci conduisant à une seule et même chose quel que soit le contexte ; un échec du projet social à travers le mécontentement des membres adhérents de l'association dont les promoteurs s'étaient portés garants de conforter leur satisfaction d'appartenir à un groupe constitué.

Ceci dénote fondamentalement d'un problème de rationalisme, de cohérence et d'optimisation dans la planification, la mise en œuvre et les actions à conduire dans la réalisation d'un projet social, de société et pour la société.

Cela sous-entend, en matière de rationalisme, que toute entité – entendue ici comme étant une personne morale fondée à partir d'une œuvre de l'esprit– créée et assimilée à un groupe de personnes existe par elle et pour ce qu'elle est ; dotée d'une nature intelligible.

Ensuite, il faut prendre en compte le défaut de synchronisation organique entre la vocation d'un groupe, par rapport à ses aspirations pour pouvoir en apprécier les bons résultats. Ce défaut de synchronisation organique peut être mis en évidence à travers le nom d'une association, mais aussi et surtout à travers la devise et le slogan de ladite association. C'est une question de cohérence. Ainsi les compétences sémantiques en matière de devise sont :

- Tontine : Solidarité-Respect-Discipline-Humilité-Progrès.
- Amicale : Solidarité-Respect-Humilité-Fraternité-Tolérance.
- ONG : Solidarité-Intégrité-transparence-Responsabilité-Emergence.
- Association d'audience : Solidarité-Intégrité-Courage-action-Développement.

Afin de bien étayer nos propos, nous allons prendre l'exemple aussi simple que vulgaire des écoles d'enseignements. Les devises de ces dernières tournent toujours, ou presque, autour des mots travail, discipline et succès. Ceci en vertu de leur vocation première qui est l'encadrement de personnes destinées à constituer des ressources pour la pérennité de la société. Vocation retranscrite à travers le choix des mots constituants la devise. Nous comprendrions donc qu'à partir du moment où nous rencontrions des établissements dont la devise s'éloignerait de ces "mots carrefours", ces derniers ne seraient certainement pas revêtus d'une mission conventionnelle. Certains même vont jusqu'à user du latin, considéré comme une langue employée par des personnes hautement cultivées, pour caractériser leur devise. Cela nous permet aisément de comprendre que ces établissements-là ont vocation à former une certaine élite intellectuelle. Et donc, leurs procédés de recrutement, de sélection, d'évaluation et nous en passons, se feraient en fonction de cela.

Mais, tout cela découlera aussi d'un souci d'optimisation qui fait souvent énormément défaut aux associations de jeunes. Le fait est que les associations disposent de ressources limitées pour l'atteinte de grands objectifs afin de satisfaire leurs adhérents. Il vaudrait mieux donc se concentrer sur la mise en œuvre d'actions cadrant avec le but recherché plutôt que de se disperser. Nous pouvons prendre, en guise d'exemple, le cas de certaines amicales dont le but est de renforcer les liens de fraternité entre ses membres adhérents, mais qui irait faire des dons dans les milieux défavorisés comme le font les ONG. Ceci n'est pas à sous-entendre que l'action en elle-même soit vide de sens ; mais juste que cela manque d'optimisation. En matière d'organisation il faut toujours rechercher à ne pas lasser les personnes ressources par rapport à ce qu'elles sont venues chercher en adhérant au groupe.

Il faut faire preuve de rationalisme, de cohérence et d'optimisation dans la planification, la mise en œuvre et la programmation des actions ou moyens à employer, quel que soit le choix de ses orientations, au risque de faire face à un échec certain. Cela pourrait se vérifier à un niveau plus élevé si nous prenons le soin de changer de contexte.

Dans le cas de notre pays, le Cameroun, où les citoyens réclament l'amélioration de leur condition de vie et une plus grande justice sociale ; est-ce que le problème de notre pays en matière de satisfaction de ses citoyens ne se résumerait pas en un défaut de rationalisme, de cohérence et d'optimisation.

Le fait est que nous sommes dans un pays au sein duquel certains illuminés se sont organiquement substitués à l'entité "Cameroun", faisant ainsi penser que sans eux la nation aurait moins d'éléments à faire valoir. Pourtant il n'en est rien.

Comment devrions-nous apprécier le facteur cohérence d'un pays dont la devise est « paix-travail-patrie », mais dont certains charlatans ont voulu faire de la pédérastie une promotion d'Etat, tout en confortant un système d'éloge de l'incompétence et d'enrichissement abusif au détriment des populations dont ils ont la charge.

La disparité institutionnelle dont nous sommes témoins nous laisse croire en un manque d'optimisation des ressources.

Il nous faut résolument nous réconcilier avec nous-mêmes. Revisiter notre histoire, mais aussi les symboles nationaux et faire une revue institutionnallo-administrative pour éliminer les axes superflus. La satisfaction du peuple par la réalisation des buts visés passe par là.

Il est important que les jeunes, tout en se fixant des défis comprennent les limites qui avaient été les leurs dans la réalisation des objectifs poursuivis, dans le cas où ces initiatives se seraient soldées par des échecs. Il n'est pas sage de toujours justifier de l'échec d'un projet par le biais d'une raison avérée, logique et suffisante à notre sens. C'est ainsi donc que des personnes iraient d'un ministère à un autre sans jamais toutefois accomplir leur devoir de responsabilité.

De notre conception de l'association, jusqu'au service public au niveau du gouvernement, il nous faut être conséquent au risque de nous empêtrer dans une succession de mésaventures. Il nous faut faire preuve de rationalisme, de cohérence et d'optimisation.

10-3 : Une jeunesse en manque de repères : le problème du nationalisme camerounais

Aujourd'hui plus que jamais, afin de consolider l'unité nationale, de renforcer l'économie du pays et d'aspirer à des réformes politiques judicieuses, nous avons besoin d'une jeunesse en pleine possession de ses moyens. Le constat que nous établissons fait malheureusement état d'une jeunesse, dans sa grande majorité, en marge de la vie politique de notre pays prétextant du fait que le climat social actuel ne permet pas d'espérer des changements radicaux dans la vie de tous les jours.

Mais qui devrait motiver et impulser des changements dans la vie des Camerounais, si ce ne sont qu'eux-mêmes ? Le Cameroun n'est pourtant pas le pays de certains camerounais et moins celui d'autres. Tout le monde devrait se sentir impliqué et devrait s'impliquer dans la vie du pays.

Pour ce faire, la nécessité de constituer une nation est incontournable. Par nation, nous entendons un groupe humain conscient de son unité et ayant la volonté de vivre en commun, motivé par une doctrine fondée sur ce sentiment, subordonnant toute la politique intérieure au développement de la puissance nationale et revendiquant le droit d'affirmer à l'extérieur cette puissance sans limitation de souveraineté.

Il est question de susciter les conditions d'une véritable conscience nationale au sein de la jeunesse camerounaise, jalon essentiel du développement communautaire. Nous devons motiver l'expression du nationalisme camerounais. Mais, qu'est-ce que le nationalisme camerounais. C'est « la prise de conscience historique d'appartenance à l'entité Cameroun et par le fait même, contre l'exploitation économique, politique et culturelle à laquelle cette entité était soumise au détriment de tous les indigènes, quelle que soit la classe sociale à laquelle chacun d'eux pouvait appartenir[92] ». Bien que la pluralité tribale, si caractéristique de notre nation, pousse souvent à penser qu'il ne puisse y avoir de référentiel commun, nous avons bel et bien une racine et une histoire commune.

Nous sommes d'abord camerounais avant d'être Bassa'a, Beti ou Bamoun. La connaissance de notre passé pourrait sans doute nous permettre de mieux appréhender notre présent, afin de nous projeter vers notre lendemain. Les jeunes camerounais ne connaissent pas vraiment

---

[92] Rigobert MBALA OWONO : Sociétés africaines sans classe ? Diagnostic des dirigeants politiques. Editions SOPECAM. P.51

l'histoire de l'indépendance de leur pays, des combats menés dans les maquis et des héros tués pour la cause (cf. Annexe 1).

Motivé par une volonté politique, l'accent n'est pas assez porté sur l'histoire des héros de notre nation. Lorsque dans d'autres pays africains, à l'instar du Sénégal, du Congo et de l'Afrique du Sud, mention est toujours faite par les pouvoirs publics et le régime en place des noms des pères fondateurs de leur nation. Lorsque dans les grandes nations occidentales, comme les Etats-Unis d'Amérique, la France et l'Espagne, tous les grands discours politiques ne se font pas sans faire mention de la pensée de leurs ancêtres. Au Cameroun aucune mention significative n'est faite de nos héros nationaux comme s'ils n'ont rien pensé, rien légué, comme si la véritable histoire du Cameroun commence maintenant.

Nous disons « non » à l'étouffement de notre histoire, car elle fait partie intégrante de notre patrimoine culturel. Il faut éduquer et rééduquer les jeunes sur l'histoire des pères fondateurs du Cameroun. Il est nécessaire que s'opère une véritable réhabilitation des pères fondateurs afin de susciter un réel nationalisme et pour la consolidation de l'unité nationale.

Hiram Samuel IYODI, dans son livre paru en 2011, parle largement de ce projet de réhabilitation. Il classe les pères fondateurs en deux groupes ou deux lignées. La première lignée est composée des personnes ayant lutté contre l'occupation du Cameroun aux alentours des années 1900. Il s'agit notamment, de Rudolph Douala Manga BELL, Martin Paul SAMBA et Charles ATANGANA. La deuxième lignée des pères fondateurs, est composée des personnes qui ont lutté pendant deux décennies pour l'indépendance du Cameroun, allant à plusieurs reprises réclamer à la société des Nations la fin de la colonisation au nom de l'ensemble des peuples du Cameroun. Il s'agit principalement de Ruben Um NYOBE, Félix MOUMIE et Ernest OUANDIE.

Bien sûr, il ne s'agit pas là des seuls nationalistes de ces époques, mais des figures marquantes qui ont retenu notre attention. Nous espérons juste qu'ils servent de référence et que leur histoire nous pousse à nous intéresser un peu plus à celle de notre pays. Nous devons dépoussiérer les livres d'histoires et donner à tous les hommes qui le méritent la place de choix qui est la leur dans la mémoire collective.

A cet effet, Hiram Samuel dit qu'il « espère que nous prenons pleinement conscience de toute la nécessité pour une nation de redonner à ses héros la place qui leur est due dans la mémoire collective..., tout peuple aspire à la grandeur en s'inspirant de la grandeur de ses héros qui sont des modèles pour nous. N'encourageons pas la mise au tombeau de l'histoire de nos pères fondateurs. Luttons pour qu'ils soient ressuscités afin que les jeunes camerounais aspirent autant à être les Samuel Eto'o de demain que les Um Nyobe, Charles Atangana, Félix Moumié, Martin Paul Samba et Douala Manga Bell de notre ère. Contons l'histoire de ces hommes hors des frontières du Cameroun et octroyons-nous des chances de bâtir une nation de patriotes, une nation d'étoiles qui feront scintiller le Cameroun aux quatre coins du monde et pas seulement lorsqu'il s'agit de sport ou de musique. Connaître nos héros et nos patriotes d'hier permet de consolider ceux d'aujourd'hui et faire émerger ceux de demain[93] ».

L'auteur émet aussi le souhait, que soit dédiée une journée nationale de commémoration, en l'honneur de toute personne ayant marquée notre histoire.

[93]Hiram Samuel IYODI : Mes rêves de jeunes ... Le Cameroun des 50 prochaines années. Editions Veritas. P.68

« Le 08 août, date à laquelle de nombreux résistants furent exécutés, me semble être la mieux appropriée pour cette occasion ; elle pourrait être dénommée « journée nationale des pères fondateurs et héros nationaux du Cameroun ». Nous devrons chaque 08 août (ou toute autre date), dans tout le Cameroun, apprendre l'histoire d'Um Nyobe, honorer la mémoire d'Ernest Ouandié, ressusciter les réalisations du Sultan Njoya, conter les victoires du lamido des Rey-Bouba et j'en passe… »[94].

Nous devons continuer le combat que nos ancêtres ont commencé et préserver l'héritage qu'ils nous ont légué.

Il nous souvient, au sujet de cet héritage à préserver, une conversation entre amis en prélude à une conférence débat sur le thème du nationalisme de la jeunesse camerounaise, organisé par l'organisation "Miroir d'Afrique", où nous nous interrogions sur les valeurs d'une nation qui a soustrait un couplet de son hymne national original.

En effet, pour ceux qui ne le savent pas, un couplet de notre hymne national a été retiré par nos dirigeants ; notamment celui où figurait, « autrefois tu vécu dans la barbarie », parce que jugé par les uns trop campagnard.

Nous pensons que l'hymne d'une nation devrait refléter son passé, parce que faisant partie de son histoire, de sa culture et par devoir de mémoire ; et définir quelles sont ses aspirations en précisant les valeurs qui les sous-tendent. Nous avons le devoir de nous souvenir de la vie qu'ont eue nos aïeuls, du combat qu'ils ont mené et dans quelles conditions. Soustraire un passage de notre hymne, c'est renier une partie de nous et par la même occasion contester notre identité. Il s'impose donc à nous, d'entreprendre ce qu'il y aurait de nécessaire à faire pour une réelle préservation de notre héritage ancestral.

---

[94] Ibidem. P.67-68

Ne nous situant nécessairement plus dans le même contexte, la prochaine lignée des pères fondateurs ou des héros nationaux sera sans nul doute composée de ceux qui contribueront à l'efflorescence nationale. Par là, nous entendons voir émerger les jeunes qui poseront les bases d'une économie novatrice, d'un renouveau culturel et traditionnel et d'une nation démocratique. La troisième lignée des héros nationaux du Cameroun sera composée des jeunes qui sauront exprimer et manifester une réelle considération pour l'humanité.

Et pourtant, dans notre société contemporaine, l'humain s'y trouve particulièrement dévalué. Les employés de bureau d'établissements publics et privés dans leur grande majorité, qui font office de bourgeois, méprisent le peuple. Nous sommes ainsi forcés avec regret de constater que les habitudes du colon d'antan ont été reprises par les locaux qui se sont substitués à ce dernier.

Ahmadou AHIDJO déclare à ce sujet que : « Le comportement des fonctionnaires de loin les principaux bénéficiaires de la décolonisation, à l'égard des masses, nous crée les plus vives inquiétudes. Celles-ci, en effet, ont l'impression qu'un colonialisme s'est substitué à un autre colonialisme. Cette situation est douloureusement ressentie par nos compatriotes. L'ancien colonialisme était une servitude exercée par l'homme blanc sur l'homme noir ; le nouveau est une servitude par l'Africain sur son frère.

« Dans les villes, les fonctionnaires d'Etat, les employés des entreprises privées ont créé des castes qui tendent à s'isoler complètement des masses urbaines et rurales.

« Il n'est pas exagéré d'affirmer que, pour nos masses, ces élites ont remplacé les Européens, non seulement dans leurs fonctions et leurs prérogatives matérielles telles que cases, voitures, etc., mais surtout ils ont repris à leur compte des habitudes et des mœurs hier décriées, mais dont les manifestations d'asservissement des citoyens vont aujourd'hui bien au-delà du colonialisme. Pour cette catégorie de Camerounais, l'indépendance s'est traduite par la politique de ''Ote-toi de là pour que je m'y mette[95]''. »

Ce triste constat a été repris par Paul BIYA qui dit que : « Le pouvoir colonial exploitait l'état colonial et postcolonial. A l'intérieur de celui-ci, où s'étaient également constituées de catégories sociales différentes, une minorité, alliée au pouvoir colonial et accaparant des privilèges exorbitants, exploitait à son tour la majorité de la population démunie, de la même façon que le monde urbain exploitait le monde rural. La négation de l'égalité entre les nations qui favorisait et qui favorise encore l'asservissement des unes par les autres, s'était transposée à l'intérieur de notre pays[96]. »

Comment en tant qu'Africains, pourrions-nous justifier qu'une situation, remettant en question notre identité, vivement décriée plus de cinquante ans auparavant, réactualisée vingt-trois ans plus tard soit encore, tout en tendant à toujours s'accentuer davantage, d'actualité[97]. Plus de cinquante ans après les indépendances, où en

---

[95] Ahmadou AHIDJO : Contribution à la construction nationale. Présence africaine. Paris, 1964 PP. 127-128

[96] Paul BIYA : Pour le libéralisme communautaire. Editions Pierre Marcel FAVRE/ABC P.82

[97] Cette situation a également été commentée par des philosophes à l'instar de Marcien TOWA. Pour lui, « Un des phénomènes les plus inquiétants en Afrique Noire s'observe dans le divorce entre la bourgeoisie bureaucratique au pouvoir et les masses paysannes et ouvrières. Entre celles-ci et celle-là, le fossé ne cesse de se creuser sur le plan économique comme sur le plan culturel ». (*Essai sur la problématique philosophique dans l'Afrique actuelle.* Editions Clé P. 50)

sommes-nous. Que faisons-nous pour que les institutions étatiques reflètent nos aspirations.

Les différentes institutions qui forment le cadre administratif d'un Etat sont dirigées par des Hommes. Il est donc très important de s'assurer de l'engagement et du dévouement de ces Hommes à la tâche qui leur est confiée pour un meilleur rendement de ces institutions dans l'intérêt de la nation.

Il s'agit de créer des conditions favorables à l'éveil d'une conscience nationale chez chaque composante de la société s'engageant à servir les intérêts de la nation. Nous devons, au vu de constats précis, poser les bases de la création des mécanismes visant à former les Camerounais sur les valeurs que prônent la nation et les idéologies qui la dirigent.

Au Cameroun, la performance des institutions est d'autant plus médiocre que le dévouement à celles-ci et aux peuples est très moyen de la part des personnes en charge de ces institutions. Le coût de la vie étant de plus en plus élevé, les Camerounais veulent travailler dans la fonction publique pour avoir un matricule et ainsi garantir une sécurité sociale, même si les salaires ne sont pas toujours au niveau des besoins.

Nous verrons alors par exemple des personnes devenir enseignants sans aucune vocation au métier, ce qui ne peut que contribuer au mauvais niveau des apprenants qui représentent pourtant l'avenir. Nous pourrions aussi voir nos fonctionnaires considérer dans les faits les services publics administratifs comme des entreprises privées et les voir arriver au travail à partir de 10H, ce qui peut occasionner la lenteur dans le service et la mauvaise performance des entreprises publiques. C'est sans nul doute dans cette optique que René Dumont déclare que : « le plus grand obstacle au développement des pays africains reste la faiblesse de la moralité élémentaire (travail, honnêteté, dévouement au pays) de ses cadres. »

Prenons en guise d'exemple, pour nous en inspirer, le cas des militaires qui s'engagent à défendre la nation, et sont prêts à perdre leur vie pour la préserver. Evoluant par tous les temps, ces hommes inspirent le respect et l'admiration, ils sont le symbole de la force, de l'engagement et de la discipline. Tout cela découle en fait de la formation à la notion de discipline motivée par une volonté politique de faire des militaires des personnes aptes à braver toutes les barrières pour le bien de la patrie.

L'Etat doit se donner les moyens d'espérer de meilleurs rendements de ses institutions par la mise en place de mécanismes pouvant susciter l'éveil d'une conscience nationale chez toutes les composantes de la société.

Nous pourrions par exemple penser à la création d'un bureau étatique en charge de la redéfinition des valeurs de la nation afin de susciter l'éveil de la conscience patriotique. Cet organe pourra par exemple avoir en charge l'organisation de formations miliaires obligatoires pour tous les nouveaux fonctionnaires de l'Etat, et l'organisation des séminaires annuels et obligatoires dans les services de l'Etat sur les idéologies qui dirigent la nation et la redéfinition des missions des fonctionnaires de l'Etat vis-à-vis des services dont ils ont la charge. Ces formations militaires pouvant aussi se faire par les non-fonctionnaires de l'Etat, pourraient constituer un élément de choix dans la constitution d'un dossier de demande d'emploi auprès d'une entreprise privée, car ces dernières ont un rôle important dans la construction d'un Cameroun prospère.

10-4 : L'insertion sociale pour le développement

Pour une nation, le concept de développement sera toujours lié à la condition de chaque personne composant cet ensemble. Par condition nous entendons l'état psychologique et matériel lié à une personne. De ce fait, nous pensons que la création de richesse et de l'emploi fruit de l'initiative entrepreneuriale est le moyen le plus concret de pousser une nation vers le développement.

Ce n'est pas à dire que nous minimisons le travail et les efforts des agents de la fonction publique au service de l'Etat. Ils ont un rôle de choix dans la bâtisse d'un Etat et d'une nation forte. Nous pensons juste qu'en ce qui concerne la valeur d'une personne, l'entrepreneuriat témoigne de façon incontestable de l'acuité et de l'expérience d'un individu dans la gestion des ressources. Car il est important de s'assurer de la compétence d'une personne avant de lui confier de plus grandes responsabilités.

Nous pensons que les jeunes d'aujourd'hui sont les dirigeants de demain. Aussi, les défis économiques qu'il faudra relever auront en plus un aspect moral dans l'optique d'une nation capable de se développer durablement. Nous soutenons donc que l'insertion socioprofessionnelle des jeunes pour un développement reposant sur des bases fortes se concrétisera en grande partie par le biais de l'entrepreneuriat.

Ceci dit, dans cette représentation de l'entrepreneuriat au profit de l'intérêt général, nous décelons deux conceptions ou deux motifs de l'entrepreneuriat. L'entrepreneuriat comme motif de la réalisation personnelle aboutissant à la manifestation de l'intérêt général et l'entrepreneuriat comme motif de la manifestation de l'intérêt général aboutissant à la réalisation personnelle.

Dans le premier cas, l'entrepreneur motivé par des intérêts propres à lui et à sa satisfaction personnelle, va risquer des ressources et engager des moyens pour générer des richesses. Ainsi, il se réalise dans la société et ne manque pas d'en faire profiter implicitement cette dernière. La société est subordonnée à l'individu ou l'entrepreneur.

Dans son *essai sur la nature et les causes de la richesse des nations* (1776), Adam SMITH démontre qu'en laissant chacun orienter librement leurs activités selon des intérêts propres, on assure nécessairement l'intérêt de la société entière. Il dit que : « ce n'est pas de la bienveillance du boucher, du boulanger, ni du brasseur que nous attendons notre dîner, mais de leur considération pour leur propre intérêt. » Ici, bien que l'objectif économique et social soit atteint, la connotation morale ou éthique que nous voulons donner à l'initiative entrepreneuriale n'est pas nécessairement atteinte, car l'entrepreneur n'a pas d'obligation envers la société, il ne s'assimile pas au groupe.

Dans le second cas, l'entrepreneur conscient qu'il est lié à un groupe dans la structure sociétale, va considérer ses besoins et prendre ensuite une initiative allant dans ce sens. Ainsi, il ne pourra se réaliser dans la société que si celle-ci se satisfait des efforts consentis en sa faveur. L'individu ou l'entrepreneur est subordonné à la société.

Dans cette conception des choses, l'intérêt général prime sur l'intérêt particulier donc, le degré de satisfaction de l'entrepreneur dépend fortement de l'assentiment général. Ici, au-delà de l'atteinte de l'objectif économique et social, on perçoit bien la portée éthique de l'initiative entrepreneuriale.

Conception idéaliste, voire utopique diront certaines personnes… Nous parlerons en ce qui nous concerne d'une conception communautariste du fait entrepreneurial. Car dans le communautarisme, la notion de liberté et la notion de solidarité se confondent. L'individu vit pour l'autre et il est libre par rapport à l'autre.

Nous avons besoin de reposer nos espoirs d'émergence sur des personnes ayant des valeurs hautes, des personnes capables de s'oublier pour autrui. Un jeune qui exerce un mode entrepreneurial classique n'est pas nécessairement investi de qualités suffisantes pour entretenir un groupe sur les plans moral et spirituel. Mais un jeune qui exerce un mode entrepreneurial solidaire peut le faire. Prenons pour exemple des jeunes exerçant dans l'entrepreneuriat social au sens d'une ONG en se constituant en association.

Essayez maintenant de juger des valeurs morales et spirituelles de ces jeunes qui, au nom d'un idéal et d'un intérêt pluriel mettent en commun leurs ressources (financières, intellectuelles, mentales et physiques), pour acquérir des locaux, avoir un compte en banque fourni, concevoir et réaliser des programmes d'appui au développement. Ces jeunes respectent scrupuleusement leur hiérarchie en contexte associatif, sans jamais forcément attendre un salaire à la fin du mois tout en espérant qu'à travers le soutien apporté aux autres ils trouveront des raisons de se réaliser eux-mêmes…

Nous souhaitons que la nouvelle génération d'entrepreneurs à venir ne manque jamais d'intégrer un volet communautaire dans leurs projets. Aussi, pour faciliter l'atteinte de ces ambitions nous proposons que le gouvernement mette à la disposition du grand public et de façon permanente une plate-forme sur l'orientation de l'initiative entrepreneuriale. Cette plateforme permettra de se renseigner sur les besoins étatiques et les objectifs poursuivis pour l'entrepreneuriat dans des secteurs d'activités divers en faveur de l'intérêt général.

Nous avons besoin de prendre comme exemple des personnes qui nous apprennent que dans l'intérêt général est nécessairement inclus l'intérêt particulier. Nous avons besoin de personnes qui nous rappellent qu'il faut souvent s'oublier soi-même pour faire primer le bien commun, pas plus avec de belles paroles que des actes.

Conclusion

Tout au long de cet ouvrage, nous nous sommes posé plusieurs questions (cf. introduction et chapitre 2), mais la principale était de savoir quelle relation équilibrée l'on pourrait trouver entre la notion de développement et la nécessité de l'insertion sociale.

Il faut remarquer que pour nous jeunes, très peu d'importance est souvent accordée à la notion de développement, ceci souvent parce qu'on n'y pense même pas. Nous évoluons sans faire attention à ce qui nous entoure, pensons qu'il n'est pas de notre ressort, encore moins de nos capacités intellectuelles, de changer des problèmes que nous scandons haut et fort, mais dont nos limites de réflexion et l'ignorance globale ambiante qui arrange tout le monde nous écartent des causes réelles, et pensons que de l'Etat doit venir forcément toutes les solutions. Et quand nous pensons au développement, nous l'assimilons rapidement au développement matériel en omettant que c'est l'homme qui sert et dessert la matière.

C'est dans ce sens qu'Ebénézer NJOH MOUELLE dit que : « Le sous-développement de l'avoir n'est pas l'essentiel ; le véritable sous-développement est celui de l'être en tant que tel. Un être sous-développé n'est pas un être qui n'a pas ceci, qui n'a pas cela, qui manque de ceci, qui est privé de cela…, un être sous-développé est d'abord un être en quelque sorte atrophié. Vivre dans l'ignorance, la superstition sous toutes ses formes, la crainte d'un univers déifié et investi de puissances terrifiantes, vivre dans la résignation, élément passif d'une histoire qui vous fait bien plus que vous ne la faites, qu'est-ce d'autre sinon se montrer atrophié dans son être[98] ? »

Cette façon de voir les choses nous permettrait certainement d'ouvrir les yeux sur le fait que la plus grande richesse, le plus grand atout en notre faveur est notre statut de jeune en tant qu'individu plein de fougue et le nombre qui nous caractérise, et que nous devons l'exploiter au maximum en tendant la main aux moins avantagés d'entre nous et en créant une atmosphère favorable au développement des capacités et du potentiel de tous. Nous ne pouvons prétendre à un développement de la nation où nous pourrons pleinement nous épanouir sans penser à son prochain.

C'est d'ailleurs dans cette optique que Hiram Samuel IYODI dit qu'« Il est de notre devoir d'apprendre aux plus jeunes le bien-fondé de la solidarité, de l'aide et de l'amour de son prochain. Il est de notre responsabilité de leur mettre en tête que l'on ne peut accéder au bien-être en marchant sur la tête de son voisin. Apprenons-leur que la seule voie pour parvenir au bonheur est constituée de travail et de sacrifices. Nous saisirons de la sorte une occasion de réparer le tort posé à la construction d'une véritable unité nationale par les générations antérieures[99] ».

Quel développement, quand seulement certaines personnes que les faits décrivent comme étant des privilégiés, jouissent pleinement des services qu'offre la nation ? Quel épanouissement pour la nation quand nous ne pouvons pas voir en l'épanouissement du prochain son propre épanouissement ?« Je ne suis vraiment libre, écrit Mikhaïl Bakounine, que lorsque tous les êtres humains qui m'entourent, hommes et femmes, sont également libres… de sorte que plus nombreux sont les hommes libres qui

---

[98]Ebénézer NJOH MOUELLE : De la médiocrité à l'excellence (Essai sur la signification humaine du développement). Ed. CLE p.169

[99]Hiram Samuel IYODI : Mes rêves de jeunes … Le Cameroun des 50 prochaines années. Editions Veritas. P.90

m'entourent et plus profonde et plus large est leur liberté, et plus étendue, plus profonde et plus large devient ma liberté, ou ce qui veut dire la même chose, lorsque ma dignité d'homme, mon droit humain… réfléchis par la conscience également libre de tous, me reviennent confirmés par l'assentiment de tout le monde[100]. »

Ceci constitue une notion importante qui doit intégrer l'esprit de tous les jeunes. Le développement de notre société à notre niveau devrait reposer sur le principe de la force du nombre et du potentiel humain, et pour faire entendre notre voix et clamer nos ambitions afin de se faire entendre et comprendre par les pouvoirs compétents à divers niveaux et sur divers sujets, car les jeunes ont de réelles difficultés à faire entendre leur voix, il faut que s'opère dès à présent une véritable révolution conduite par la jeunesse : la révolution des ONG.

Parce que la voix et les idées d'une personne physique sont moins crédibles et donc moins prises en compte que celles d'un groupe, parce que le statut des ONG constitue, que ce soit dans le domaine du social, de l'économie, de la culture ou même de la politique, une légitime compétence pouvant critiquer le pouvoir de décision et parce qu'à travers elles nous avons la possibilité, nous jeunes, quel que soit notre niveau social, d'acquérir voire d'améliorer notre expérience professionnelle et de générer des biens et des services. La révolution des ONG serait la plus adaptée dans une optique d'émergence nationale réelle et efficiente en tenant compte des réalités locales. Il est aussi à préciser qu'une révolution doit avoir une âme et un esprit ; en d'autres mots elle doit reposer sur des valeurs et doit organiser, planifier ou programmer ses actions.

L'occident prétend que l'Afrique n'a pas de philosophie, celle-ci étant définie comme une démarche rationnelle moderne opposée à la tradition. L'occident

[100] Bakounine : Œuvres, I, 281,71

prétend que l'Afrique n'a pas d'idéologie, celle-ci n'étant apparue qu'avec la rupture de la pensée avec le mythe pour laisser place à la rationalité et qu'en conséquence le seul choix qui nous est offert réside entre les idéologies européennes existantes. Nous rejetons cette conception des choses et déclarons que le « communautarisme » est la conception idéologique propre à l'essence africaine sur laquelle doit reposer toutes nos initiatives.

Comme nous l'avons expliqué dans les chapitres précédents, les jeunes peuvent créer des ONG en explorant les possibilités qu'offrent les mouvements associatifs. Tout cela dépend des orientations prises à la base du projet et de la manière de le diriger.

Cependant, ayant constaté par des enquêtes de proximité, que les associations à vocation entrepreneuriale –celles-là qui aspirent à être des ONG– ont souvent des ressources très limitées (humaines, financières, mobilières, immobilières et logistiques) et au vu de la nécessité d'être efficace, non seulement pour le bien de la collectivité que pour la création d'emplois stables, nous émettons le souhait de les voir fusionner, pour la complémentarité de leurs ressources.

Nous pensons qu'étant donné la nécessité d'intégration des jeunes, les ONG doivent se concentrer davantage sur la formation du capital humain. Cela repose sur trois critères qui sont : l'éducation, la santé (mentale et physique) et la formation. Le fait est que bon nombre d'associations s'investissent uniquement soit dans l'éducation, soit dans la santé, soit dans la formation. Nous préconisons donc qu'elles se mettent ensemble pour faire-valoir leurs missions (encadrement du capital humain) aussi bien pour un impact plus efficace que pour rapidement atteindre un statut d'ONG et de fait créer des emplois pour le bénéfice de ceux-là qui se sont investis sans relâche.

Nous souhaitons aussi qu'il soit organisé, par le ministère de tutelle, pour que nos actions ne soient pas disparates, des rencontres à périodicités régulières entre toutes les ONG et les associations reconnues d'utilité publique, afin d'objectivement orienter nos actions dans le sens du progrès national.

Dans une société organisée espérant l'émergence communautaire entendue ici comme étant l'équilibre économique, réparti entre les agents nationaux, se manifestant par la satisfaction de chacun à pouvoir répondre aisément à ses besoins de base, tout au moins pour considérer le citoyen situé au plus bas niveau de l'échelle sociale, un accent tout particulier doit-être apporté à l'entrepreneuriat.

Cependant dans un contexte social Camerounais où les institutions publiques paraissent toujours plus éloignées des personnes dont elles ont la charge et la volonté politique des soucis citoyens, les jeunes ont le devoir d'impulser de manière concrète leur vague de changement, d'où, l'administration d'institutions privées à l'instar des associations, pour chaque personne nourrissant la préoccupation de voir s'améliorer les choses qu'elle soit élève, étudiante ou professionnellement active, constituerait un bon instrument.

Oui, les jeunes peuvent eux-mêmes prendre les commandes de leur insertion sociale et par la même occasion considérablement et de manière significative participer au processus de développement de la nation.

Nous tenons toutefois à souligner que bon nombre d'initiatives que nous proposons ici à l'endroit des jeunes ne trouveront pas nécessairement des moyens d'expression, si nous n'allons pas traiter les problèmes à la racine : dans la famille.

Nous constatons que trop peu d'attention est accordée au concept de la famille par le régime actuel dans notre pays. Nous sommes pourtant convaincus qu'il s'agit là d'un jalon essentiel et primordial dans la construction et la caractérisation d'une nation. Nous nous donnerons l'opportunité de nous appesantir plus en profondeur sur le sujet.

Nous ne sommes pas du même avis de ceux qui pensent « qu'une politique sociale n'est pas une politique de développement ». Nous pensons qu'en développant l'humanité en chaque Camerounais à travers des valeurs comme la famille, la solidarité, le respect, la liberté, la responsabilité, l'équité, la loyauté et l'humilité, nous développerons sans nul doute notre nation tout entière.

Nous pouvons aussi dire que l'efflorescence nationale dans le sens de l'insertion sociale des jeunes pour le développement, dans un contexte où tout le monde quel que soit son niveau social et intellectuel a le devoir de participer, afin de garantir un équilibre social, repose sur le communautarisme pour une amélioration du climat social de notre pays. Parce qu'on ne peut pas se développer et développer notre pays dans un contexte social qui n'y soit pas propice. Nous devons nous insérer dans la société et transformer le climat social de notre pays.

L'idéologie communautariste devra donc au bout d'un certain processus enfanter un système économique dont les caractères sont : l'actionnariat, un mode de régulation centralisé et un mode d'appropriation collectif des moyens de production.

Le Cameroun ne pourra se considérer comme développé qu'à partir du moment où tous ses fils seront capables de s'assumer, de se prendre en charge chacun à son niveau. Mais cela découlera d'un travail acharné et permanent, travail qui, pour être pérennisé, devra reposer sur des valeurs et des mobiles forts un peu comme la profondeur des fondations d'un immeuble qu'on veut très grand. Nous devons miser sur l'émergence de la nation en nous reposant sur des projets porteurs de valeurs ; nous devons chérir et soutenir les projets porteurs de valeurs et ceci ne saurait se faire sans que nous, jeunes, ne nourrissions en permanence un amour indéniable pour la nation.

En somme, nos propositions invitent au développement des sociétés à but non lucratif (ONG) dans le sens de l'encadrement du capital humain qui est mis à la disposition des unités de production. Ici, une combinaison travaillistique est préconisée, c'est-à-dire, une production de biens où le facteur travail, dans une combinaison de facteurs ou moyens, est utilisé de manière plus ou moins intensive. L'intensité travaillistique d'un secteur d'activités sera donc définie par le rapport entre les immobilisations corporelles et incorporelles et l'effectif actionnarial moyen.

Aussi, nous espérons n'avoir pas trop déçu ces personnes-là qui pensaient au vu du sous-titre de cette production écrite, trouver une recette miracle au problème d'insertion socio professionnelle des jeunes.

Nous ne sommes pas de ceux-là qui pensent qu'on peut résoudre des problèmes complexes avec des solutions simples. Quand bien même la solution à un problème complexe paraîtrait simple, sa mise en œuvre serait nécessairement complexe. Les problèmes d'identité sociétale, de sous-développement mental, de chômage et d'intégration communautaire que nous parcourons dans cet essai, sont d'ordre complexe. Les résultats attendus par la mise en œuvre des orientations que nous proposons prendront donc un certain temps avant d'être clairement visibles et palpables. Sous réserve que nous (les jeunes) nous engagions dès à présent à entreprendre de faire tout ce qu'il faut pour l'efflorescence nationale.

Par résultats attendus, nous entendons la baisse du taux d'analphabétisme en dessous de 10%, la baisse du taux de chômage des jeunes en dessous de 10%, l'adaptation de notre structure sociétale –système idéologique, politique, juridique et économique– à nos aspirations et un regain de confiance en nos potentialités.

Chaque jeune Camerounais, où qu'il soit, à n'importe quel niveau, doit se considérer comme un agent du changement et de la prospérité de la nation pour saluer la mémoire de ses ancêtres, pour lui et pour les générations à venir ; pour que l'Efflorescence nationale soit.

Tu es le père, le fils de la nation, alors soutiens-la comme un père épaule et conseille son fils, et en retour elle te comblera et satisfera toutes les promesses faites à ton égard comme une mère pour son enfant. Ressens l'appel et prends la décision de cesser d'être un spectateur et un consommateur pour que soit cette efflorescence, qu'elle soit belle et grandiose, que notre statut jalouse plus d'un et qu'on vante la nation, qu'on dise : « là-bas il fait bon vivre on travaille dans la joie et la paix parce que tout le monde est épanoui ».

Nous croyons intimement et fermement au potentiel de toutes les composantes de la société et nous sommes aussi convaincus que c'est de leur dévouement à la cause de l'épanouissement de la nation que surviendra la vraie émergence.

Vive la jeunesse, la jeunesse entreprenante, responsable et innovatrice parce que lorsqu'on a conscience d'être jeune, on l'est pour toujours. Vive le Cameroun, Afrique en miniature, berceau de nos ancêtres ; vive l'Afrique parce que l'histoire est en marche ; parce que si on y croit et s'y dévoue, on réussira.

Annexe 1
Biographies de quelques figures marquantes de notre histoire

Rudolph Douala Manga Bell

[101]Né en 1872 à Cameroontown (ancienne appellation de la ville de Douala) de Manga Ndoumbe et de Tomédi Mouasso, Rudolph Douala Manga Bell est un descendant de la dynastie des Bell fondée en 1792. En 1891, après avoir achevé ses études primaires et une partie de son secondaire à Douala, Rudolph est envoyé en Allemagne où il apprend le droit à l'université de Bonn. Il retournera au Cameroun en 1896 alors que son père Manga Ndoumbe devient le chef supérieur des Bell à la suite du décès de son grand-père. Rudolph épouse Engome Dayas en décembre 1897. En 1908, à la mort de son père, Douala Manga Bell est intronisé chef supérieur du Clan Bell qui regroupe tous les propriétaires et habitants du plateau Joss à Douala.

En 1910, le roi des Bell va s'opposer au plan d'urbanisation du gouverneur allemand Théodore Seitz qu'il qualifie d'apartheid. Ce projet consiste à exproprier les Douala de leur lieu d'habitation traditionnel afin de transformer la zone en ville européenne et de créer de nouveaux lotissements à l'arrière-pays pour les

[101] Biographie de Douala Manga Bell, in Les grandes figures historiques du Cameroun, Editions MEDIA CAMEROUN. P.2-3

autochtones. Malgré ses protestations, les habitants du plateau Joss reçoivent notification par décret de leur expropriation en 1913. Douala Manga Bell fait alors savoir aux Allemands que le traité de 1884 ne prévoit pas l'expropriation des autochtones de leur lieu d'habitation. La tension s'accroît entre les colons et les locaux et, le 4août, Douala Manga Bell est relevé de sa fonction de chef supérieur. Toutefois, il ne renonce pas. En 1914, à la suite de nombreuses pétitions envoyées en Allemagne, il y dépêche son secrétaire Ngosso Din dans le but de susciter un mouvement de solidarité en faveur des populations autochtones. A la même période, il entre en contact avec d'autres chefs locaux notamment ceux de Yabassi, Yaoundé, Dschang, Ngaoundéré, Baham et avec le sultan des Bamouns pour leur demander leur appui dans le conflit qui l'oppose aux autorités coloniales allemandes.

Informé par le sultan des Bamouns du contact pris par Douala Manga Bell avec les chefs supérieurs, le secrétaire d'Etat aux colonies, Mr Solf ordonne l'arrestation du chef des Bell le 10 mai 1914 sous l'inculpation de haute trahison. Le secrétaire Ngosso Ndin est arrêté le 15 mai en Allemagne et embarqué à destination de Douala le 24 mai de la même année.

Les partisans de Douala Manga Bell, de Ngosso Din et leurs proches parents sont tous arrêtés et jetés en prison en juillet 1914. Après une instruction rapide, Douala Manga Bell et Ngosso Din sont jugés, condamnés à mort puis exécutés par pendaison le 08 août 1914.

Martin Paul Samba

[102]De son vrai nom Mebenga m'Ebono, Martin Paul Samba est né en 1874 non loin d'Ebolowa. Il n'a pas connu son père et sa mère mourût peu après l'accouchement. A l'arrivée des explorateurs allemands, le lieutenant Kund choisit le jeune Samba comme guide et ainsi commence la collaboration de ce dernier avec les Allemands. Il est envoyé en Allemagne en 1891 afin de poursuivre une formation militaire. Aux termes de ses études, il rentre au Cameroun en 1895 avec le grade de capitaine dans l'armée allemande durant la période de colonisation. En 1902, il démissionne de l'armée et se charge d'affaires personnelles dans la région d'Ebolowa. Son admiration pour l'administration et l'armée allemande se transforme en haine. En 1912, il entre en contact avec Rudolph Douala Manga Bell et monte une révolte en pays Bulu. Lors de la déclaration de la guerre entre l'Allemagne et la France, Martin Paul Samba cherche à entrer en contact avec les troupes françaises basées à Brazzaville au Congo, et avec les Anglais installés au Nigéria afin que ceux-ci lui fournissent des armes pour sa milice. Un de ses courriers est intercepté par un officier allemand et il est arrêté puis accusé de haute trahison par l'armée allemande le 1er août 1914. Il sera exécuté le 08 août 1914, tout comme Rudolph Douala Manga Bell, à Ebolowa avec ses compagnons Madola et Edande Mbita, à la veille de la Première Guerre mondiale. Il aurait souhaité être intronisé chef supérieur du clan Bulu tout comme Charles Atangana fut le premier et dernier grand chef supérieur des Ewondo.

---

[102] Bernard Puepi, LE CAMEROUN : ERTS, HISTOIRE ET TRADITION, Harmattan, passion

Charles Atangana

[103]Né d'Atangana Essomba et de Ndongo Edoa à Yaoundé en 1883, Charles Atangana perd son père à l'âge de 6 ans. En 1896, son oncle le confie au major Hans Dominik à la demande de ce dernier qui veut former les premiers cadres Ewondo. Il recevra une formation à l'école des pères pallotins à Kribi et s'illustre par ses excellents résultats scolaires. En 1900, suite à la révolte des Bulu qui envahissent Kribi et saccagent la mission catholique, il se réfugie avec les pères pallotins à Douala, puis les convainc de s'installer à Yaoundé. Au courant de l'année 1900, il est appelé à Victoria (ancienne appellation de la ville de Limbé) afin de servir d'interprète aux otages Bulu de l'après-révolte de 1899. Il apprend de manière parallèle le métier d'infirmier et servira comme ''Clerc'' au siège du gouvernement à Buea. En 1901, il retourne à Yaoundé dans le but de créer une mission catholique dans le village de son père à Mvolyé. Il est fait interprète officiel de l'administration allemande à Yaoundé.

En 1904, quand le major Hans Domimik revient d'Allemagne comme chef de poste à Yaoundé, il est heureux de retrouver parmi les plus dévoués de ses subordonnés Charles Atangana qu'il avait lui-même recommandé huit ans plus tôt au Révérend Père Schwab à Kribi.

Charles Atangana accompagnera Hans Dominik dans les expéditions militaires dans l'Est et le Nord Cameroun

---

[103] Marie Thérèse Assiga Ahanda, ''Charles Atangana'' in www.bonaberi.com, 30 octobre 2006.

et participera à la fondation de plusieurs villes telles que Bafia, Yokadouma, Ngoundéré, Garoua…

Au mois de février 1911, Charles Atangana est nommé chef supérieur des Ewondo et Bene. Il est plébiscité par toutes les populations de Yaoundé après une Assemblée de notables. Son intronisation se fera au cours d'une grandiose cérémonie traditionnelle à Mvolyé. La même année, il est envoyé en Allemagne afin d'assister le professeur Von Heepe dans l'étude, la transcription, et l'enseignement de la langue Ewondo. Quand Charles Atangana rentre à Yaoundé au courant de l'année 1912, rien ne sera plus comme avant. De grands projets tels que l'urbanisation ou l'amélioration de l'habitat indigène sont déjà latents en lui.

Il commence cette même année la construction de son palais style provençal. Aucune autre chefferie du pays ne sera dotée de structures aussi modernes jusqu'à la fin de l'ère coloniale.

En 1913, Charles Atangana effectue un second voyage en Allemagne au cours duquel il est reçu successivement par le Kaiser Guillaume II, et par le Pape Pie X en audience privée à Rome. En 1914, éclate la Première Guerre mondiale. Charles Atangana et ses chefs couvrent la fuite de leurs anciens maîtres vers l'Ile de Fernando Pô en Guinée Equatoriale. Il embarque pour l'Espagne avec quelques membres de sa famille, dont son petit frère, son fils, et quelques notables du clan Ewondo.

Après la victoire des Alliés et la défaite définitive de l'Allemagne, Charles Atangana adresse un mémorandum à Georges Clémenceau et au Gouvernement, demandant son retour au milieu des siens. En retour, il promet à la France la même fidélité que celle qu'il a témoignée aux allemands.français

Le 28 novembre 1920, Charles Atangana débarque à Douala après une escale de quatre mois à Fernando Pô pour y régler ses affaires commerciales et liquider ses biens. Il est aussitôt placé avec sa suite en résidence obligatoire à Dschang. Il subit la corvée de réfectionner la route de Baré - Dschang - Foumban. Le 26 novembre 1912, Charles Atangana rentre à Yaoundé ; c'est un triomphe. L'administration se résout à lui rendre ses fonctions dès le début de début de l'an 1922. Il réorganise et modernise le pays Ewondo en appliquant des réformes dans le secteur du vêtement, de l'habitat, et l'amélioration des pistes et routes. Sur sa proposition, l'administration coloniale réforme la chefferie indigène et procède à la nomination de nouveaux titulaires.

En 1935, Charles Atangana représente le Cameroun à la conférence coloniale de Paris. Au courant du mois d'Août 1943, son état de santé se dégrade quotidiennement et il meut le 1er septembre 1943 à Mvolyé. C'est la fin d'une épopée, mais aussi le terme d'une tradition et dans un certain cas de l'identité des Béti.

Ruben Um Nyobe

[104]Ruben Um Nyobe est né en 1913, près de Boumyebel de Nyobe Nsounga et de Ngo Um Nonos. Sa mère décède 2 jours après sa naissance et il subit dès sa plus jeune enfance l'influence des sociétés traditionnelles puisque son père est Mbombog (grand prêtre des sociétés initiatiques Bassa'a). Il poursuit ensuite ses études primaires dans les écoles de missionnaires et intègre l'école normale de Foulassi en 1931. Il est renvoyé de cet établissement l'année où il doit obtenir son diplôme de fin d'étude suite à une grève dont il est le principal instigateur. Il reproche aux enseignants blancs de l'époque, la condescendance et le mépris qu'ils manifestent vis-à-vis des élèves africains. Il obtient son diplôme de fin d'études en tant que candidat libre. Il enseignera pendant quelques années dans les écoles presbytériennes et sera admis en 1935 au concours des commis des services civils et financiers. Affecté au greffe du tribunal d'Edéa, il se passionne pour le droit dans l'exercice de sa fonction. Il découvre alors les injustices du système de l'indigénat auquel est soumis l'ensemble de la population camerounaise. En 1944 lorsque la France reconnaît aux travailleurs camerounais le droit de syndiquer, Um Nyobe va participer à la création de l'Union des Syndicats Confédérés du Cameroun (USCC) dont il devient le secrétaire général avec l'appui de la Confédération Générale des Travailleurs (CGT), syndicat français réputé proche du parti communiste. Um Nyobe va

---

[104] Achille Mbembé, Remember Ruben Mongo Béti. Le problem national Cameroun.

alors consacrer son énergie à créer une multitude de syndicats qu'il réussit à fédérer en unions syndicales régionales puissantes. L'USSC met ensuite en place le Cercle d'Etudes Sociales et Syndicales, sorte de formation au syndicalisme.

Ruben Um Nyobe pense que seule indépendance du Cameroun peut faciliter l'amélioration du sort des travailleurs. La France autorise les activités politiques au Cameroun en 1946 ; le Cameroun peut alors élire des députés à l'Assemblée nationale française. Il s'agira du Docteur Louis-Paul Aujoulat et du prince Alexandre Douala Manga Bell (un blanc étranger et un aristocrate camerounais occidentalisé) peu représentatifs du peuple camerounais. L'UPC naît alors le 10 avril 1948 avec à sa tête Léonard Bouli et plus tard Mathias Djoumessi. Pour faciliter la reconnaissance de leur parti, certains fondateurs, dont Um Nyobe décident de ne pas apparaître sur la liste officielle des membres. Um Nyobe ne deviendra secrétaire général du parti qu'en 1950, après la tenue du premier congrès. Dès lors, il se consacre entièrement à la politique.

En décembre 1952, Um Nyobe se rend à New York et y prononce un réquisitoire contre la France à l'ONU. Il mentionne notamment la lenteur de la France à mettre en place des réformes politiques au Cameroun et insiste sur la nécessité de la réunification des deux Cameroun qui doivent, d'après lui, évoluer politiquement ensemble. De retour au Cameroun, il fait imprimer son intervention aux Nations Unies sous forme de mémorandum intitulé : ''Que veut le Cameroun ?» ''. Il retournera aux Nations Unies en janvier 1954 où il demandera à la France d'organiser un référendum sur la question de la réunification et de fixer un délai pour l'accession à l'indépendance. Il devient alors l'ennemi des autorités françaises.

En avril 1955, son domicile est attaqué par la police, sa femme et quelques-uns de ses partisans sont pris en otage. Um Nyobe se réfugie alors à Boumyébel, son village natal. L'Eglise catholique en profite pour mettre en garde les fidèles contre d'éventuels contacts avec l'UPC, ses membres et ses idéologies. Il est important de relever que l'instigateur de cette campagne n'est nul autre que le docteur Ajoulat, médecin français et leader du Bloc Démocratique Camerounais (BDC), parti d'obédience catholique et anti-indépendantiste soutenu par l'administration coloniale.

A la suite de la publication de la lettre pastorale, des incidents éclatent entre l'UPC et le BDC. Dans certaines localités, les missionnaires sont agressés et les biens des églises saccagés. L'administration interdit alors une manifestation de l'UPC à Mbanga. Les militants passent outre l'interdiction et les forces de l'ordre chargent. Dans l'altercation, un policier est tué et les émeutes gagnent tout le sud du Cameroun, principalement la ville de Douala. Roland Pré, alors gouverneur fait appel aux forces françaises stationnées au Congo qui matent l'insurrection à Douala et tuent des dizaines de personnes. Le 13 juillet 1955, l'UPC est interdite.

Um Nyobe et ses partisans continuent leurs activités dans la clandestinité, en pleine forêt en pays Bassa'a. Félix Moumié, président officiel du parti ainsi que d'autres leaders comme Abel Kingue et Ernest Ouandié se réfugient à Kumba. De là, ils s'exileront pour l'étranger. Les autorités françaises essaieront à plusieurs reprises de négocier la sortie du maquis de Ruben Um Nyobe, mais celui-ci demande des garanties politiques telles que la réhabilitation de l'UPC, ce qui n'arrange évidemment pas la France.

Le 29 avril 1956, la « loi-cadre » prévoit des élections devant mettre en place une assemblée locale, alors que l'UPC est toujours interdite et clandestine. Dans la Sanaga

Maritime, fief de Nyobe, le boycott des élections prend une tournure dramatique avec le sabotage des équipements publics, l'incendie des bureaux de vote et les représailles terribles de l'armée française qui obligent la majorité des habitants du département à gagner le maquis où se cache toujours Ruben.

Ce dernier poursuit ses activités politiques et installe son quartier général non loin de son village natal à Mamelel. L'armée française le traque et localise son Q.G. au début du mois de septembre 1958. Informé Ruben quitte la zone la nuit du 10 septembre accompagné de quelques hommes de confiance. Selon la version des faits affirmée par les sbires du pouvoir colonial, le 13 Septembre, dans son refuge, Um Nyobe entend des bruits et à peine a-t-il le temps d'en avertir son entourage qu'il est identifié et tué à bout portant. Le corps d'Um Nyobe est traîné et exposé en public à Boumyébel. Ainsi s'achève l'histoire de cet homme qui de son empreinte aura marqué la lutte contre l'impérialisme occidental et l'asservissement des pays du Sud.

Felix Moumié

[105]Né en 1925 à Foumban de Samuel Mekou Moumié et de Suzanne Mvuh, Felix Moumié est confronté très jeune au décès de son frère aîné et à l'handicap (mutité) de sa petite sœur. Il est envoyé chez un ami de son père à Bafoussam, ville dans laquelle il poursuivra ses études primaires et secondaires avant d'obtenir son CEPE à l'école régionale de Dschang. En 1941, Moumié est admis au concours d'entrée à l'école supérieure d'Edouard Renard de Brazzaville afin de poursuivre des études de médecine. En 1943, durant ses études à Dakar où il fréquente les cercles anti colonialistes, Félix Moumié se fait remarquer par Gabriel d'Arbousier, secrétaire général du RDA (Rassemblement Démocratique Africain) qui le recommandera plus tard à Ruben Um Nyobe.

De retour au Cameroun en 1947, il est affecté à Kribi d'où il rencontrera pour la première fois Um Nyobe. Au cours du premier congrès du parti en 1950 à Dschang, il est élu vice-président de l'UPC. Il sera porté à la tête du parti lors du deuxième congrès qui se tiendra à Eséka en 1952. Felix Roland Moumié est affecté à Douala à l'hôpital Laquintinie en 1955 et va produire au nom de l'UPC un document intitulé « la proclamation commune pour la fin de la tutelle ». Après l'interdiction de l'UPC la même année, Moumié se réfugie à Bamenda dans le nord-ouest Cameroun afin de continuer à mener son action politique. Le 14 août 1956, il échappe à une tentative d'assassinat mené par un commando français et est contraint à l'exil. De son exil, Moumié continuera ses

[105] http ://www.upc-kamerun.com

activités et aura l'occasion d'apporter sa contribution à la consolidation de l'indépendance du Ghana, de la guinée (où il est à la fois médecin et secrétaire du président Sékou Touré) ainsi que du Congo à Léopoldville.

En mars 1959, Moumié conduit à l'ONU la délégation de l'UPC qui ira exiger la tenue d'élections avant la proclamation de l'indépendance. La session de l'ONU ouvre la voie à l'installation de la dictature néocoloniale au Cameroun et le président de l'UPC prend la décision de continuer sa lutte jusqu'à la libération du Cameroun. De juillet à septembre 1960, il séjourne au Congo comme commissaire politique des contingents ghanéens et Guinéens des Casques bleus de l'ONU, avec le grade de général d'armée. Sa mission est en réalité d'apporter le soutien nécessaire au premier ministre Patrice Lumumba, en butte aux menées subversives des puissances occidentales contre son gouvernement. Il devra quitter le Congo Kinshasa clandestinement après l'arrestation de Lumumba, face aux menaces d'être livré par Mobutu à son ami Ahidjo.

En tournée en Europe avant son retour au Cameroun pour prendre la tête de la lutte et proclamer un gouvernement révolutionnaire, Moumié est empoisonné au thallium sur instruction du gouvernement français, par l'agent William Bechtel, un faux journaliste qu'il avait accepté de rencontrer dans un restaurant de la vieille ville à Genève, en présence de jean Martin Tchaptchet Njinga, président de la section France de l'UPC.

Félix Moumié décède le 3 novembre 1960 à l'hôpital cantonal de Genève. Sa dépouille qui sera momentanément conservée dans un mausolée à Conakry en attendant sa restitution au Cameroun disparaîtra comme par enchantement, sans doute pour éviter que ne soit élucidé son assassinat. Félix Moumié sera tout de même réhabilité et proclamé héros national du Cameroun tout comme Ruben Um Nyobe et Ernest Ouandié par l'Assemblée nationale en juin 1991.

A la mort de Félix Moumié, un autre leader charismatique prendra les rênes de l'UPC et de la lutte contre l'impérialisme colonial, il se nomme Ernest Oundié.

Ernest Oundié

[106]Né de Djemo et de Kapsu à Bana en 1924, Ernest Ouandié est le cinquième d'une famille de sept enfants. En 1933, il est inscrit à l'école publique de Bafoussam où il fera la rencontre de plusieurs futurs leaders syndicalistes. Il obtient son CEPE à l'école régionale de Dschang et entre à l'école et entre à l'école primaire supérieure de Yaoundé, section enseignement où il étudie grâce à une bourse jusqu'à l'obtention du Diplôme des Moniteurs Indigènes (DMI) en novembre 1943. Il entame une carrière d'enseignant à Edéa en 1944 et milite au sein de l'USCC. Il subit tout au long de sa carrière d'enseignant plusieurs affectations dites disciplinaires, en réalité à caractère politique.

Lors du deuxième congrès de l'UPC à Eséka en 1952 où Félix Moumié est porté à la tête du parti, Ernest Ouandié sera élu vice-président. En mai 1955, après l'interdiction de l'UPC par l'administration coloniale, Ernest Ouandié se réfugie à Kumba dans le Cameroun sous administration britannique. En 1957, à la demande des autorités françaises, l'UPC est également interdite dans le Cameroun britannique. Ouandié sera alors déporté par l'administration britannique avec d'autres dirigeants et cadres de l'UPC à Khartoum, puis au Caire, à Conakry et à Accra. Il œuvre à populariser la lutte de l'UPC et à susciter des soutiens matériels et financiers pour renforcer l'organisation et la formation des cadres. En fin 1960, à la

[106] Bakang Ba Tonje : Sur le chemin de l'émancipation nationale. Cité in www.upc-kamerun.com.

suite du décès de Félix Roland Moumié, Ernest Ouandié prend la direction le l'UPC et prête le serment de continuer la lutte jusqu'à l'atteinte des objectifs nationaux et populaires de l'UPC. Il rentre donc au Cameroun de manière clandestine en juillet 1961 afin de mieux organiser la lutte sur le terrain. Les 13 septembre 1962 et 25 avril 1963, il préside deux assemblées populaires sous maquis qui décident de la création d'un comité révolutionnaire. Ernest Ouandié enseigne l'art de la guerre, ouvre une école des cadres politiques et construit des centres de soins.

Sous les coups de boutoir de l'ennemi, il résistera pratiquement seul pendant près de 9 ans, complètement coupé de ses bases arrière et sans ravitaillement en armes, munitions, vêtements, chaussures, médicaments et nourriture contre des forces militaires infiniment plus grandes et très largement approvisionnées. Lâché par les uns et trahi par les autres, il est finalement attiré dans un traquenard et abandonné dans les champs par les siens. Il se rend lui-même à la gendarmerie de Mbanga le 19 août 1970.

Jugé par le tribunal militaire de Yaoundé, il sera condamné à la peine capitale le 5 janvier 1971 en compagnie de son ami Mathieu Njassep et de son fidèle secrétaire Raphael Fotsing. Le 15 janvier 1971, il est extrait tôt de sa cellule à Yaoundé, transporté par avion militaire jusqu'à Bafoussam, au quartier Famla et exécuté publiquement sur la place qui deviendra la place des Martyrs, en compagnie de Gabriel Tabeu et de Raphaël Fotsing.

Au moment du supplice, il refuse de se faire bander les yeux. Avant d'être criblé de balles, il proclame simplement la certitude qu'après lui, d'autres continueront le même combat jusqu'à la victoire. Il demandera à l'Abbé André Wouking de transmettre au président Ahidjo que le sang versé par les patriotes est une semence du nationalisme.

Annexe 2
Les métiers d'avenir

La quête de l'émergence inclut de savoir faire des prévisions pertinentes par rapport aux mutations mondiales, d'anticiper sur la demande pour pouvoir répondre aux besoins des populations. Dans le cas spécifique d'un pays en plein essor comme le Cameroun, il faudrait pouvoir tabler sur les choix de nos orientations professionnelles et estudiantines en se basant sur les politiques de gouvernance et les besoins de l'Etat.

Nous allons donc exposer des métiers, que nous pensons, auront potentiellement la cote dans les prochaines années. Ces métiers s'adressent principalement aux jeunes en quête de projets novateurs et aux personnalités physiques ou morales de droit public ou privé évoluant dans la formation des jeunes issus de familles brisées et des analphabètes.

Ingénieur en efficacité énergétique : le pays étant en perpétuelle croissance démographique, la construction de logements sociaux constitue une préoccupation permanente. Nous pourrions donc envisager de vastes chantiers de construction de métropoles à venir. De ce fait, les entreprises de BTP ne pourront plus s'en passer. Tout nouveau logement construit devrait répondre à la norme BBC (Bâtiment Basse Consommation). Ces ingénieurs généralistes ou thermiciens, capables de choisir les meilleurs matériaux et de déterminer la structure la plus économe en énergie, deviendront donc les hommes clés de tous les projets de construction ou de rénovation.

Ingénieur en réalité virtuelle : les grands architectes s'arracheront ses services. Le travail de cet informaticien spécialisé dans la modélisation numérique est de tester des objets de synthèse en trois dimensions dans l'univers réel. Il peut, par exemple, simuler la déformation au vent d'une future tour en fonction de sa structure.

Ingénieur spécialisé en génie sanitaire : ce métier pourrait connaître un succès grâce au principe de précaution. La population étant de plus en plus sensible aux risques environnementaux, cet ingénieur pourrait être très précieux. Les collectivités locales et industrielles tel que TOTAL font déjà appel à leurs services.

Ingénieur agronome : les options économiques des autorités compétentes signifient bien l'importance que revêt le secteur agricole pour notre pays. Le Cameroun est en grande partie un pays agricole. Ce métier qui connaît déjà une certaine notoriété ne va cesser d'être de plus en plus convoité.

Infographiste 3D : son profil sera précieux dans les studios d'animation, les entreprises de BTP et chez les architectes. Il est capable de modéliser des structures en trois dimensions. Cet informaticien sait conjuguer programmation informatique et créativité artistique.

Technicien de vêtements : l'industrie du textile, bien que très peu explorée dans notre pays pour le moment, pourrait se voir très vite propulsé d'ici quelques années au premier plan avec le changement des mentalités et de gros efforts.

Community manager : il sera incontournable dans les grandes entreprises. Son rôle consiste à améliorer l'image de marque des entreprises sur internet. Pour cela, il intervient dans les forums de discussion, crée des groupes sur les réseaux sociaux et établit des contacts avec des blogueurs influents.

Net ergonome : le développement de l'industrie numérique ne peut que faire son bonheur. Tous les sites d'e-commerce vont devoir en embaucher, car une étude a démontré qu'en améliorant l'apparence et l'architecture des sites de vente en ligne, on peut booster le chiffre d'affaires de 30%.

Chef de projet marketing web : toujours dans une optique de mondialisation et d'expansion internationale, ce professionnel a pour rôle d'entretenir la clientèle sur le web. Il maîtrise tous les outils de recrutement de clients et de fidélisation par internet (affiliation, référencement naturel, référencement payant, e-mailing, newsletters, tracking) et sur mobile (géomarketing).

Vendeur de panneaux solaires : ce métier ne devrait plus tarder à connaître un véritable essor pour pallier aux problèmes financiers de consommation énergétique. Il doit cependant avoir une bonne expérience dans le bâtiment ou l'énergie.

Responsable des risques psychosociaux : toutes les directions des ressources humaines en auront besoin pour repérer les personnels en souffrance et limiter les risques de « burn-out ».

Chargé d'affaires en restructuration de la dette : apparu avec la crise, ce travail fait un malheur dans le secteur bancaire. Il consiste à rééchelonner, racheter ou renégocier totalement les emprunts des entreprises incapables de faire face à leurs échéances.

Responsables des financements : de plus en plus lourdement endettées, les entreprises ont, elles aussi, besoin de personnel qualifié pour gérer leurs ardoises. A ce jeu, le trésorier spécialisé qui maîtrise la renégociation de la dette avec les banques et la gestion des risques de change et qui possède de solides compétences juridiques est peu à peu en train de gagner des galons au détriment du classique directeur financier.

Capital-risqueur solidaire : son expertise sera de plus en plus nécessaire, il est le dernier-né du secteur du « social business ». Il prend en charge des entreprises dépourvues de moyens et qui n'ont pas accès aux crédits bancaires. Mais, à l'inverse des traditionnels pourvoyeurs de microcrédit, il entre au capital de l'affaire qu'il finance. Bien qu'elle soit par définition très risquée, cette activité devrait se développer rapidement.

Cette énumération, étant le fruit de nos modestes recherches sur le sujet, ne saurait être suffisante et doit de ce fait être complétée par des études supplémentaires.

Annexe 3
Les objectifs du millenaire pour le developpement (OMD)

OBJECTIF 1 : Réduire l'extrême pauvreté et la faim

OBJECTIF 2: Assurer l'éducation primaire pour tous

OBJECTIF 3 : Promouvoir l'égalité des sexes et l'autonomisation des femmes

OBJECTIF 4 : Réduire la mortalité infantile

OBJECTIF 5 : Améliorer la santé maternelle

OBJECTIF 6 : Combattre le VIH/sida, le paludisme et d'autres maladies

OBJECTIF 7 : Assurer un environnement durable

OBJECTIF 8 : Mettre en place un partenariat mondial pour le développement

Annexe 4
Les objectifs du développement durable (ODD)

Objectif 1 : En finir avec la pauvreté sous toutes ses formes et partout

Objectif 2 : En finir avec la faim, atteindre la sécurité alimentaire, améliorer la nutrition et promouvoir une agriculture durable

Objectif 3 : Assurer une vie saine et promouvoir le bien-être pour tous à tous âges

Objectif 4 : Assurer une éducation inclusive et de qualité pour tous et promouvoir l'apprentissage tout au long de la vie

Objectif 5 : Réaliser l'égalité des genres et donner des capacités et du pouvoir aux femmes et aux filles

Objectif 6 : Assurer l'accès à l'eau et à l'assainissement pour tous

Objectif 7 : Assurer un accès à une énergie qui soit abordable, fiable, durable et moderne pour tous

Objectif 8 : Promouvoir une croissance durable et inclusive, l'emploi et le travail décent pour tous

Objectif 9 : Etablir une infrastructure résiliente, promouvoir une industrialisation durable et encourager l'innovation

Objectif 10 : Réduire l'inégalité intra- et inter- pays

Objectif 11 : Rendre les villes inclusives, sûres, résilientes et durables

Objectif 12 : Assurer des modèles de consommation et de production durables

Objectif 13 : Agir urgemment pour combattre le changement climatique et ses impacts

Objectif 14 : Protéger et gérer durablement les océans, mers et ressources marines

Objectif 15 : Gérer durablement des forêts, combattre la désertification, arrêter et inverser le processus de dégradation des terres et stopper la perte de biodiversité

Objectif 16 : Promouvoir des sociétés justes, paisibles et inclusives

Objectif 17 : Revitaliser le partenariat mondial pour le développement durable

Table des matières

Structures éditoriales du groupe L'Harmattan

L'Harmattan Italie
Via degli Artisti, 15
10124 Torino
harmattan.italia@gmail.com

L'Harmattan Hongrie
Kossuth l. u. 14-16.
1053 Budapest
harmattan@harmattan.hu

L'Harmattan Sénégal
10 VDN en face Mermoz
BP 45034 Dakar-Fann
senharmattan@gmail.com

L'Harmattan Cameroun
TSINGA/FECAFOOT
BP 11486 Yaoundé
inkoukam@gmail.com

L'Harmattan Burkina Faso
Achille Somé – tengnule@hotmail.fr

L'Harmattan Guinée
Almamya, rue KA 028 OKB Agency
BP 3470 Conakry
harmattanguinee@yahoo.fr

L'Harmattan RDC
185, avenue Nyangwe
Commune de Lingwala – Kinshasa
matangilamusadila@yahoo.fr

L'Harmattan Congo
67, boulevard Denis-Sassou-N'Guesso
BP 2874 Brazzaville
harmattan.congo@yahoo.fr

L'Harmattan Mali
Sirakoro-Meguetana V31
Bamako
syllaka@yahoo.fr

L'Harmattan Togo
Djidjole – Lomé
Maison Amela
face EPP BATOME
ddamela@aol.com

L'Harmattan Côte d'Ivoire
Résidence Karl – Cité des Arts
Abidjan-Cocody
03 BP 1588 Abidjan
espace_harmattan.ci@hotmail.fr

L'Harmattan Algérie
22, rue Moulay-Mohamed
31000 Oran
info2@harmattan-algerie.com

L'Harmattan Maroc
5, rue Ferrane-Kouicha, Talaâ-Elkbira
Chrableyine, Fès-Médine
30000 Fès
harmattan.maroc@gmail.com

Nos librairies en France

Librairie internationale
16, rue des Écoles – 75005 Paris
librairie.internationale@harmattan.fr
01 40 46 79 11
www.librairieharmattan.com

Librairie l'Espace Harmattan
21 bis, rue des Écoles – 75005 Paris
librairie.espace@harmattan.fr
01 43 29 49 42

Lib. sciences humaines & histoire
21, rue des Écoles – 75005 Paris
librairie.sh@harmattan.fr
01 46 34 13 71
www.librairieharmattansh.com

Lib. Méditerranée & Moyen-Orient
7, rue des Carmes – 75005 Paris
librairie.mediterranee@harmattan.fr
01 43 29 71 15

Librairie Le Lucernaire
53, rue Notre-Dame-des-Champs – 75006 Paris
librairie@lucernaire.fr
01 42 22 67 13

www.ingramcontent.com/pod-product-compliance
Lightning Source LLC
LaVergne TN
LVHW010930061026
849535LV00007B/2327
* 9 7 8 2 3 4 3 1 5 4 6 2 6 *